An ihr führt, zumindest auf der Must-See-Liste, kein Weg vorbei: die Oper in Kopenhagen.

01 Kopenhagen, Seeland und Møn

Dänemark

In Kopenhagen haben sie ein echtes Problem: Das ist die Oper. Sie liegt auf einer Insel gegenüber dem Königsschloss Amalienborg, im Rücken die Freistadt Christiania, Sehnsuchtsziel aller jungen Menschen, die mal erschnuppern wollen, wie früher die Hippies gelebt haben, und ob da nicht heute noch was geht. Aber hallo! Die Altstadt mit dem Nyhavn, dem neuen, in Wirklichkeit sehr idyllischen alten Hafen liegt auch gleich in der Nähe – die Oper also irgendwie mittendrin, aber dann doch wieder ganz für sich. Und genau da liegt ihr Problem: Wer sie besuchen will, muss hinüberfahren; wer aber erleben möchte, wie die moderne Architektur ihre Wirkung entfaltet, der bleibt besser auf der Stadtseite. Irgendwann wird er sich dort ohnehin auf den Weg machen, Richtung Helsingør, Schloss Kronborg. Richtig, das war der Schauplatz des »Hamlet« von Shakespeare. Aber Achtung: Auf dem Weg dorthin unbedingt rechts raus nach Humlebæk! Es gibt kein Museum, in dem sich junge Kunst mehr zu Hause fühlen könnte als in Louisiana. Kuchen auf der Terrasse am Meer. Bei Gelegenheit im Wörterbuch nachschlagen, was »hygge« bedeutet…

www.visitwestseeland.de, www.visitnordseeland.de, visitsudseeland-mon.de

1 Kopenhagen
2 Küstenstraße nach Norden
3 Helsingør
4 Schloss Fredensborg
5 Køge
6 Roskilde
7 Kalundborg
8 Wikingerburg Trelleborg
9 Møns Klint
Hotel 1 Admiral Hotel
Hotel 2 Annex Kopenhagen
Hotel 3 71 Nyhavn Hotel

1 Kopenhagen

Die dänische Hauptstadt ist eine Metropole der Innovation. Lange schon zieht es Design-, Mode- und Architektur-Fans sowie Gourmets nach Kopenhagen und so ist die »Strøget«, Dänemarks längste Fußgängerzone, ein Shopping-Paradies für regionales Design und angesagte Mode von Bruuns Bazaar bis Hay. Die Stoffe, Möbel, Lampen, Glas, Küchenutensilien, Mode und jede Menge Schnickschnack im »Illums Bolighus« fungieren als Aushängeschilder der aktuellen skandinavischen Design-Welt. Eindrucksvoll ist auch die Kombination aus über 100 Jahre alten bürgerlichen Vierteln und gewagter neuer Architektur, etwa der Anbau der Dänischen Königlichen Bibliothek (der »Schwarze Diamant«), das Schauspielhaus (kglteater.dk) von 2008 oder die 2005 eröffnete Oper im Hafengebiet. Ganz anders präsentiert sich der Nyhavn (»neuer Hafen«) mit seinen bunten Fassaden. Im 17. Jh. wurde ein Kanal gebaut, um den Handel weiter Richtung Zentrum zu verlagern. Diese Funktion verlor die Wasserstraße schon vor über 100 Jahren, das muntere Flair ist jedoch geblieben. Wenn im Sommer die Sonne scheint, zieht es die halbe Stadt vor die Nyhavner Kneipen und auf die Kaimauer. Ein kulinarischer Anziehungspunkt ist Kopenhagens Spitzengastronomie und ihr Konzept der Neuen Nordischen Küche, das international Furore macht. Jenseits der avantgardistischen Seiten bleibt Kopenhagen weiterhin ganz »hyggelig« – eine Stadt von altmodischer Gemütlichkeit. Wegen der heimeligen Altstadt, der Radfahrleidenschaft der Kopenhagener, ihrer steten Freundlichkeit und ihrer Liebe zum Königshaus mit Königin Margrethe II. Royale Ziele in der Stadt sind die Schlösser Amalienborg und Rosenborg mit den Kronjuwelen im zugehörigen Museum und dem schönsten Park der Stadt. Etwas besonders »hyggeliges« ist der Tivoli in der Nähe des Bahnhofs, der zweitälteste Vergnügungspark der Welt. Seine Fahrgeschäfte, Restaurants und Bühnen sind in einem märchenhaften Park aufgebaut (www.tivoli.dk). Ebenso verzaubernd sind die Spuren von Hans Christian Andersen – z. B. die Statue der Kleinen Meerjungfrau, aus einem seiner Märchen.

Tourist Info: Vesterbrogade 4, Kopenhagen, Tel. +45 70 22 24 42, Jan./Feb., Okt./Nov. Mo–Sa, sonst tgl., www.visitcopenhagen.de

2 Museen und Architektur

Auf dem schönen Weg Richtung Helsingør sollte man ein paar Stopps einlegen: In Charlottenlund zeigt das Kunstmuseum Ordrupgaard erstklassige dänische und französische Malerei, am Skovshoved Havn ist die ikonische Tankstelle des dänischen Architekten und Designstars Arne Jacobsen (1902–1971, u. a. bekannt durch seinen Stuhl »3107«, dem meistverkauften Designstuhl aller Zeiten) zu sehen. Ebenfalls von Jacobsen entworfen ist das Bellevue-Theater an der Straße 152 in Klampenborg (direkt gegenüber befindet sich ein hübscher Strand). Im idyllischen Hafenort Rungsted Kyst lebte nach ihrer Rückkehr aus Kenia bis zu ihrem Tode 1962 die Schriftstellerin Karen Blixen – ihr ist ein Museum gewidmet. 10 km südlich von Helsingør befindet sich das »Louisiana Museum of Modern Art« in Humlebæk. Internationale Klassiker der Moderne wie Francis Bacon, Henry Moore und Andy Warhol sind ebenso vertreten wie aufstrebende Künstler der Gegenwart. Den Schwerpunkt der Sammlung bilden dänische und internationale Kunst seit dem Zweiten Weltkrieg, regelmäßig ergänzt durch große Wechselausstellungen. Das Louisiana mit seiner lässigen, schlichten und zugleich eleganten 1950er-Jahre-Architektur gilt als eines der schönsten Kunstmuseen in Europa. Die Museumsbauten, die seit 1958 rund um eine Villa entstanden, sind ungewöhnlich homogen in einen zauberhaften Park direkt am Øresund integriert. Aus den lichtdurchfluteten Galeriegängen schweifen die Blicke immer wieder auf das Meer und in den Park mit modernen Skulpturen und alten Bäumen.

entlang der Str. 152;
Ordrupgaard: Vilvordevej 110, Charlottenlund, www.ordrupgaard.dk;
Karen Blixen Museet: Rungsted Strandvej 111, Rungsted Kyst, www.karen-blixen.dk;
Louisiana: Gl. Strandvej 13, Humlebæk, Di–Fr 11–22, Sa, So bis 18 Uhr, www.louisiana.dk

3 Helsingør

Hamlet, der legendäre Prinz von Dänemark, soll hier zu Hause gewesen sein. Shakespeare war nicht der Erste, der den Stoff bearbeitete, doch sein um 1600 entstandenes Drama verlegte den Schauplatz nach Helsingør, der Stadt an der Nordostspitze der Seelands, und machte nicht nur den Titelhelden, sondern auch sein angebliches Domizil, Schloss Kronborg, international bekannt. In den 1420er-Jahren war das Schloss als Zollstation am Öresund erbaut worden und brannte 1629 durch die Unachtsamkeit zweier Arbeiter nieder, ehe es als prachtvoller Renaissancebau wiedererstand. In den Fußstapfen Hamlets kann man das Unesco-Welterbe besichtigen. Dabei trifft man in den Schlossgewölben auf den schlafenden Riesen Holger Danske (Holger den Dänen), der, wie jeder Däne weiß, erwachen wird, sobald Dänemark in Gefahr gerät, um sein Vaterland zu verteidigen. Auch Helsingørs hübsche Altstadt ist einen Rundgang wert;

Vor und hinter den farbenfrohen Fassaden des Nyhaven-Viertels pulsiert das Kopenhagener Leben wie hier am Hafenkanal.

im Kontrast zum Schloss und den Kopfsteinpflastergassen steht »Kulturværftet«, das moderne Kulturzentrum der Stadt in den ehemaligen Werftanlagen. Die alten Backsteingebäude wurden durch eine kubistisch wirkende Fassade aus dreieckigen Metall- und Glaselementen ergänzt und beherbergen seit 2010 Werftmuseum, Theater, Stadtbibliothek und Restaurant. Ebenfalls neu und sehenswert ist das 2013 hier eröffnete unterirdische »M/S Museet for Søfart« zur Geschichte der dänischen Seefahrt in einem ehemaligen Trockendock.

Tourist Info: Havnepladsen 3, Helsingør,
Tel. +45 49 21 13 33,
www.visitnordseeland.de

4 Schloss Fredensborg

Die 1726 vollendete barocke »Friedensburg« wurde zum Gedenken an das Ende des Großen Nordischen Krieges, 1721, errichtet. Das Schloss wird üblicherweise im Frühjahr und Herbst von der dänischen Königsfamilie bewohnt. Dann findet täglich vor dem Schloss die Wachablösung statt, allerdings ist für Besucher nur ein Teil des Parks geöffnet. Im Juli können auch die reservierten Bereiche des bis zum Esromsee reichenden Parks und das Schloss im Rahmen von Führungen besichtigt werden. Die 1992 nach alten Plänen restaurierte Schlossstraße komplettiert das elegante Gesamtbild des »dänischen Versailles«.

www.visitnordseeland.de, nur im Juli geöffnet,
Park: tgl. 9–17, Schlossführungen 13–16.30 Uhr

Beste Reisezeit

Ende Juni/Anfang Juli vibriert Roskilde über eine Woche lang: Seit 1972 bietet eines der größten und lässigsten europäischen Open-Air-Festivals (www.roskilde-festival.dk) Musik verschiedenster Genres. Von gut gelaunten Freiwilligen organisiert, wird der gesamte Gewinn für gemeinnützige Zwecke verwendet.

5 Køge

In keiner anderen dänischen Stadt findet man so viele gut erhaltene Fachwerkbauten wie in Køge, darunter Dänemarks ältestes Haus. Von der Glanzzeit der alten Hafen- und Handelsstadt zwischen dem 14. und 17. Jh. zeugen vor allem der große Marktplatz und die angrenzende Fußgängerzone (Kirkestræde, Vestergade, Brogade). Die Pfarrkirche St. Nikolai gehört zu den am reichsten geschmückten Kirchen auf Seeland, Prunkstück ist der 1652 vom Bildschnitzer Lorentz Jørgensen geschaffene Altar. Ihr um 1324 errichteter Kirchturm diente auch als Leuchtturm für den großen Hafen an der Køgebucht. Das sehenswerte, in einem ehemaligen Kaufmannshof untergebrachte historische Museum (www.koegemuseum.dk) vermittelt einen lebendigen Eindruck vom städtischen Leben und Wirtschaften vergangener Jh.

Tourist Info: Vestergade 1, Køge,
Tel. +45 56 67 60 0, www.visitkoege.de

Rügen lässt grüßen: Die dänische Insel Møn verfügt ebenfalls über eine beeindruckende Steilküste, ist aber weniger stark besucht.

6 Roskilde

International ist Roskilde vor allem für sein traditionsreiches Open-Air-Musikfestival berühmt, doch die Stadt hat mehr zu bieten. Hier sieht man der Welt größte und zahlreichste Drachenboote (Langschiffe) aus der Wikingerzeit, die im Schlick des Roskildefjords gefunden und restauriert wurden. Das Wikingerschiffmuseum gibt darüber hinaus weitere interessante Einblicke in Handwerkskünste, Leben und Reisen der Wikinger (Vindeboder 12, Roskilde, tgl. 10–16 Uhr, www.vikingeskibsmuseet.dk). Dass Roskilde bis ins 15. Jh. die Hauptstadt Dänemarks war, merkt man spätestens beim Dom (www.roskildedomkirke.dk), seit 1995 Unesco-

Welterbe. Im 12. Jh. begonnen und im 13. Jh. im gotischen Stil umgebaut, diente er 39 dänischen Königen und Königinnen als Grabstätte, von Harald I. Blauzahn (gest. 987) bis zu Königin Ingrid (gest. 2000).

Tourist Info: Stændertorvet 1, Roskilde, Tel. +45 46 31 65 65, www.visitroskilde.de

7 Kalundborg

Im schmucken Kalundborg mit seinen Fachwerkhäusern sticht die romanische Frauenkirche heraus – mit ihren fünf Türmen ist sie weltweit einzigartig. 10 km westlich des Zentrums kann man Dänemark von einer überraschenden Seite kennenlernen: Im größten dänischen Weingut, dem Dyrehøj Vingård, kann man sich davon überzeugen, dass es ihn tatsächlich gibt: dänischen Wein! Führungen zeigen, wie er produziert wird – und natürlich kann man ihn probieren (oder ausführlicher genießen).

Dyrehøj Vingård: Røsnæsvej 254, Kalundborg, Tel. +45 50 82 37 13, www.dyrehoj-vingaard.dk

Schietwetter-Tipp

Die Frau hinter »Jenseits von Afrika« lässt sich im Karen Blixen Museet näher kennenlernen: im Geburts- und Wohnhaus der in Deutschland als Tania Blixen bekannten Autorin in Rungsted Kyst, 20 km nördlich von Kopenhagen (www.blixen.dk).

8 Wikingerfestung Trelleborg

Vor über 1000 Jahren errichtete König Harald Blauzahn im westlichen Seeland eine mächtige Ringfestung von fast 140 m Durchmesser. Die Trelleborg bei Slagelse ist eines der besterhaltenen Monumente der Wikingerzeit in Dänemark. Ein Museum zeigt Modelle, Ausgrabungsfunde und Rekonstruktionen. Höchst lebendig wird das Areal alljährlich beim Wikingerfestival Ende Juli.

Trelleborg Allé 4, Slagelse, Apr.–Okt., www.vikingeborgen-trelleborg.dk

9 Møns Klint

Entlang der gesamten Ostküste der Insel Møn erstrecken sich imposante Kreidefelsen, die mindestens so spektakulär sind, wie ihr 60 km südlich gelegenes Gegenstück auf Rügen, aber längst so überlaufen. Über 8 km lang und bis zu 128 m hoch ist die pittoreske Steilküste. Spazierwege führen hinab ans Meer, oberhalb der Klippen oder zu ihren Füßen entlang und bieten fantastische Ausblicke. Wer die Augen offen hält, kann auch versteinerte Amminiten oder andere Fossilien finden. Wegen des brüchigen Terrains sollte man dabei aber immer die Sicherheitshinweise beachten. Ein multimediales »GeoCenter« informiert auf unterhaltsame Weise über die Entstehungsgeschichte der Kreidefelsen in den vergangenen 100 Mio. Jahren.

www.visitmoensklint.de;
GeoCenter: Stengårdsvej 8, Borre, Ostern–Okt., www.moensklint.dk

Hotels

Admiral Hotel
Das komfortable Hotel in einem alten Speicher nahe des Stadtzentrums ist ganz im maritimen Stil eingerichtet. Aus den kleinen Fenstern zur Seeseite kann man auf die neue Oper gegenüber und den Hafen schauen.
Toldbodgade 24–28, Kopenhagen, Tel. +45 33 74 14 14, DZ ab 120 €, www.admiralhotel.dk

Annex Kopenhagen
Ein sehr farbenfrohes Hotel. Die ebenso bunten Zimmer sind modern und zweckmäßig eingerichtet, verfügen aber nur über Waschbecken; Bad und WC findet man auf dem Gang. Für Kopenhagener Verhältnisse und die gute Lage sind die Preise sehr günstig. Rathaus, Tivoli und Hauptbahnhof sind nur 5 Min. vom Hotel entfernt.
Helgolandsgade 15, Kopenhagen, Tel. +45 33 31 43 44, DZ ab 60 €, www.annexcopenhagen.dk

71 Nyhavn Hotel
Das reizvolle 4-Sterne-Hotel in zwei sorgfältig renovierten ehemaligen Speicherhäusern am Hafenkanal hat eine unschlagbare Lage, gleich um die Ecke des Schauspielhauses. Die stylish-modernen Zimmer mit jahrhundertealten Holzbalken haben Flair, sind aber nicht besonders groß.
Nyhavn 71, Kopenhagen, Tel. +45 33 43 62 00, DZ ab 160 €, www.71nyhavnhotel.com

Eines von Malmös Wahrzeichen seit 2005 ist der Turning Torso, der sich mit einer 90-Grad-Drehung in die Höhe schraubt.

02 Skåne

Schweden

Gut, man kann auch segeln hier. Oder wunderschöne Schlösser besuchen und sich an den Gärten erfreuen. Man kann in einem Monument aus 59 riesigen, sagen wir mal: Hinkelsteinen herumspazieren und sich fragen, was die Bewohner dieses Landstrichs im Süden von Schweden vor mehr als tausend Jahren damit wohl gemeint haben. Man kann über eine atemberaubende Brücke fahren, in einem Tunnel verschwinden und nach einer halben Ewigkeit in einem anderen Land auftauchen, in Schweden oder Dänemark, je nach Fahrtrichtung. Man kann auf eine Halbinsel hinaus wandern bis zu einer Steilküste, von dort auf ein wildes Meer schauen und sich ein paar Sekunden lang fühlen, als wäre man der einzige Mensch im Universum. Man kann zwischen Fachwerkhäusern über Kopfsteinpflaster bummeln oder in der grünen Einsamkeit eines Naturparks zur Ruhe kommen. Man kann übrigens auch prima essen hier und den Genuss mit einem Wodka beschließen. Man kann baden gehen und so tun, als läge der Strand mitten in den Tropen. Alles kein Problem. Aber eigentlich ist dies das Land der mysteriösen Mordfälle. Mariagatan 10 ist die Adresse von Kommissar Kurt Wallander. Und Ystad nur scheinbar ein verträumtes Städtchen. Denn wer die Filme nach den Krimis von Henning Mankell gesehen hat, der kann hier nicht einfach durch die Gassen schlendern und glauben, die Menschen seien harmlos und alles werde gut ...

www.visitskane.com

1 Malmö
2 Ystad
3 Ales Stenar
4 Lund
1 Clarion Malmö Live
2 Onkel Enkels Pensionat
3 Stationen B&B

1 Malmö

Schwedens drittgrößte Stadt (324 000 Einwohner) ist dem Nachbarland sehr verbunden – erst durch den Friedensvertrag von Roskilde 1658 fiel Skåne an Schweden. Dänische Einflüsse erkennt man etwa am Dialekt und den gelb statt rot gestrichenen Bauernhäusern. Die Renaissanceburg Malmöhus mit ihrem idyllischen Park wurde in derselben Epoche wie der große Marktplatz »Stor Torg« mit dem prächtigen Rathaus und der »Lilla Torg« angelegt. Zahlreiche für Schweden ungewöhnliche Fachwerkhäuser säumen den »Kleinen Platz«, und wenn es warm ist, bekommt er dank zahlreicher Café- und Restaurantterrassen ein beinahe mediterranes Flair. Auch Fans von trendigen skandinavischen Möbeln, Textilien, Grafiken und Architektur werden angezogen – vom Shop und den Wechselausstellungen im Form/Design Center. An der Ecke Västergatan/Stor Torg steht Jörgen Kocks Gård, eines der schönsten nordischen Gebäude des Mittelalters. Modern ist das weithin sichtbare 190 m hohe Wahrzeichen »Turning Torso« im In-Viertel Västra Hamnen auf einem ehemaligen Werftgelände: ein in sich verdrehter Wolkenkratzer, entworfen vom spanischen Stararchitekten Santiago Calatrava und das höchste Wohngebäude Skandinaviens.

Tourist Info: Skeppsbron 2, Malmö, Tel. +46 40/34 12 00, www.malmotown.com; Turning Torso (nur von außen zu besichtigen): Lilla Varvsgatan, Malmö

2 Ystad

Auf einer Kommissar-Wallander-Führung wandelt man auf den Spuren von Henning Mankells Krimis und entdeckt all die beschriebenen Orte – Straßen, Cafés, Restaurants und das Polizeirevier. Fürs Lesevergnügen im Liegestuhl finden sich östlich von Ystad lange Sandstrände, die nach Norden hin von einem Wald (»skog«) abgeschlossen werden. Dieser »Sandskogen« wurde vor 200 Jahren angepflanzt, um den Flugsand zu bändigen. Spazier- und Radwege erschließen das schöne Naturreservat.

Tourist Info: St Knuts torg, Ystad, Tel. +46 411/57 76 81, www.visitystadosterlen.se

Beste Reisezeit

Mitte August findet das Malmöfestivalen (www.malmofestivalen.se) statt, mit Konzerten, Theater, Film, Mode etc. Die Stadt ist dann eine einzige Party.

Am schönsten wirkt Ales Stenar abends und morgens, wenn die Steine lange Schatten werfen.

3 Ales Stenar

Nahe Kåseberga (mit empfehlenswerter Fischräucherei und mehreren Kunstateliers), in Richtung Klippen, tauchen Ales Stenar mitten auf einer Wiese auf – in der Eisenzeit (500–1000 n. Chr.) wurden 59 bis zu 3,3 m hohe Menhire in Form eines 19 m x 67 m großen Schiffs aufgestellt. Die gewaltige Anlage hatte vermutlich eine astronomisch-religiöse Bedeutung – stellt die Wissenschaft aber auch heute noch vor offene Fragen. 2012 wurden in der Nähe Urnen gefunden, die noch Tausende Jahre älter sind.

Kåseberga, 20 km östlich von Ystad

Schietwetter-Tipp

Die traditionsreiche Badeanstalt Ribersborgs Kallbadhus am Strand von Malmö ist ein architektonisches Schmuckstück, in dem seit der Renovierung 2009 im Spa massiert, in der Sauna geschwitzt und von der Terrasse der Blick aufs oder – mit etwas Mut – der Sprung ins Meer genossen wird (www.ribersborgskallbadhus.se).

4 Lund

Rund 45 Prozent der Einwohner Lunds studieren an der 1666 gegründeten Universität – entsprechend lebendig geht es in der Stadt rund um den bedeutenden Dom zu. Sogar in dem fast 1000 Jahre alten Bau herrscht ausgelassene Stimmung: Zwei Mal täglich erklingt »In dulci jubilo«. Die Augen erfreut die mittelalterliche Astronomische Uhr mit 200-jährigem Kalender. Wissenswertes über die regionale Kulturgeschichte vom Mittelalter bis 1930 vermittelt das (Freilicht-)Museum Kulturen.

Tourist Info: Botulfsgatan 1A, Lund,
Tel. +46 46/35 50 40, www.visitlund.se

Hotels

Clarion Malmö Live
In dem 2015 eröffneten Veranstaltungszentrum mit Konzerthallen und Kongresszentrum lässt es sich angenehm übernachten, davor genießt man Drinks und den Ausblick aus der schicken 85 m hoch gelegenen Skybar. Zentral und in der Nähe des Bahnhofs gelegen.
Dag Hammarskjölds torg 2, Malmö,
Tel. +46 40/20 75 00, DZ ab 139 €,
www.nordicchoicehotels.com

Onkel Enkels Pensionat
17 km nordöstlich von Ystad wohnt und schläft man in »Onkel Enkels Pensionat« in einer ländlichen Umgebung, die an Erzählungen von Astrid Lindgren erinnert. In drei kleinen Häuschen sind acht liebevoll eingerichtete Zimmer untergebracht. Auf der Veranda und im Garten kann man die Beine hochlegen und genussvoll entspannen. Die Pension ist an Ostern sowie Mai–Sept. geöffnet.
Ulltorps Kyrkby, Tomelilla,
Tel. +46 41/71 89 00, DZ ab 85 €,
www.onkelenkel.se

Stationen B&B
Mankell-Fans und Urlauber, die nach einer günstigen Unterkunft suchen, sind hier richtig. Das alte Bahnhofsgebäude diente in den Wallander-Filmen als Polizeistation und ist in Wirklichkeit ein charmantes Hostel.
Hamntorget 1 A, Ystad,
Tel. +46 708/57 79 95, DZ ab 85 €,
www.turistlogi.se

03 Fünen

Dänemark

Am frühen Abend dann, die Sonne hat die Häuserfront am Hafen schon in ein zartes Graurosaviolett getaucht, finden sich auch noch ein Tisch am Wasser, ein Fischgericht und ein Bier. Das Boot ist festgemacht, in dritter Reihe, aber niemand stört sich daran, wenn ein Nachbar leise über das Deck huscht, um in seine Koje zu schlüpfen. Morgen früh geht es wieder hinaus, und Segler betrachten einander ohnehin als eine große Gemeinschaft. »Dänische Südsee« nennen sie das Gebiet, hüpfen von Insel zu Insel, von Hafen zu Hafen und freuen sich, wenn sie nach einem gemächlich zugebrachten Tag bei leichtem Wind auf stahlblauer See wieder in einem dieser Städtchen festmachen, helle Häuser, eine backsteinrote Kirche. Der Begriff ist nicht falsch, tatsächlich liegen die meisten dieser Inselchen vor der Südküste von Fünen. Und doch führt er in die Irre: Dieser Süden liegt im Norden, sein Licht ist klar, sein Himmel hoch und offen. Es ist ein Land, dessen sanft gewellte Weite Geschichten erzählt, wundersame Dinge, Mythen und Possen. Der Dichter Hans Christian Andersen hat sie erlauscht – und wer durch die Gassen seiner Geburtsstadt, der Inselhauptstadt Odense schlendert, oder abends in einem der Häfen festmacht, der könnte sie hören. Das Märchen von des Kaisers neuen Kleidern etwa oder das von der kleinen Meerjungfrau, deren Bild in Bronze in Kopenhagen zu einem Wahrzeichen des ganzen Landes geworden ist.

---

www.visitfyn.de

Bunte Häuschen, wie hier bei Ærøskøbing, sind nicht das einzig Märchenhafte an Fünen.

1. Odense
2. Südfünisches Inselmeer
3. Schloss Egeskov

- (1) Book en Shelter
- (2) Gammel Brydegaard
- (3) Hesselet

Beste Reisezeit

Charakteristisch für Fünen sind die langen Tage im Sommer, genauer zwischen Mai und Anfang August. Im Rittersaal des ältesten dänischen Königsschlosses Nyborg Slot (um 1170 von dem dänischen Herzog Knud Prislavsen erbaut) erklingen von Mitte Juli bis Ende August jeden Sonntagabend Kammermusikkonzerte (www.nyborgslot.dk, www.nyborgslotskoncerter.dk).

1 Odense

In der Inselhauptstadt Fünens wurde Hans Christian Andersen geboren, und das »H. C. Andersen Hus« (Bangs Boder 29, Odense, Di–So 10–16 Uhr, museum.odense.dk) ist mit zahlreichen Briefen, persönlichen Gegenständen, Andersen-Ausgaben aus aller Welt und einer Hörbibliothek eine echte Kultstätte für Märchen-Fans. Im »H. C. Andersen Barndomshjem« (Munkemøllestræde 3-5, Odense, Di–So 11–16, Juli/Aug. Mo–So 10–17 Uhr, museum.odense.dk), einem bescheidenen Fachwerkhaus, verbrachte der Schriftsteller seine ärmliche Kindheit. Doch die Stadt bietet noch weit mehr: beispielsweise den Münzhof Møntergården (Overgade 48, Odense, Di–So 10–16 Uhr, museum.odense.dk). Das ist ein Komplex von Fachwerkbauten aus dem 16./17. Jh., in dem das stadthistorische Museum und die interaktive Ausstellung »Funen – at the centre of the universe« untergebracht sind. Es gibt immer wieder neue, überraschende Facetten in Odense zu entdecken.

Tourist Info: Vestergade 2, Odense,
Tel. +45 63 75 75 20, www.visitodense.com

2 Südfünisches Inselmeer

Mehr als 55 grüne fruchtbare Inseln und Inselchen umfasst die 480 qkm große Moränenlandschaft südlich von Fünen – sie alle sind ein Refugium für vielfältige Tier- und Pflanzenarten, nur wenige sind bewohnt. Der »Sydfynske Øhav« (dt. Südfünisches Archipel) entspricht mit den feinen Sandstränden, Feldern, Windmühlen und reetgedeckten kleinen Katen mit bemalten Haustüren auf den Eilanden ganz dem Ideal eines Andersenschen Märchenlands. Ab Svendborg erreicht man Hjortø (90 ha; 7 Einw.), Skarø (197 ha; 32 Einw.) und Drejø (426 ha; 65 Einw.), ab Faaborg Avernakø (590 ha; 114 Einw.), Bjørnø (150 ha; 34 Einw.) und Lyø (60 ha; 96 Einw.), das mit seinem heimeligen Dorfmilieu und dem Dolmengrab Klokkestenen ein reizvolles Tagesausflugsziel ist. Gleiches gilt für Strynø (488 ha; 186 Einw.) mit ihrem urigen »Kro« (dt. Gasthof). Ærø zählt immerhin rund 6300 Einwohner. Dass sie die Insel der Segler ist, das wird besonders in Marstal und Søby deutlich. Bemerkenswert ist die Steilküste bei Vordrup Klint im Südosten der Insel. Und ein Schmuckstück ohnegleichen ist die Stadt Ærøskøbing. Fachwerkhäuschen an Fachwerkhäuschen in verwinkelten Gassen – seit dem Mittelalter ist die Vergangenheit hier allgegenwärtig, denn äu-

Schietwetter-Tipp

Im 40 m langen Unterwassertunnel des am Hafen von Kerteminde gelegenen Erlebniszentrums Fjord & Bælt (www.fjordbaelt.dk) fühlen sich die Besucher dem Beltmeer ganz nah – und das, ohne nasse Füße zu bekommen. Durch die Fenster zu beobachten sind Seehunde, Eiderenten, Quallen und viele weitere Fische, Vögel, Krebse und Muscheln in ihrem nachgestalteten natürlichen Umfeld. Eine weitere Attraktion ist das Freibecken mit drei Schweinswalen.

Bezaubernder Klassenprimus: Der Garten von Schloss Egeskov wurde u. a. mit dem European Garden Award 2012 ausgezeichnet.

ßerlich wurde kaum etwas verändert; die Stadt steht unter Denkmalschutz. Sommerurlauber radeln gern auf Fahrradwegen oder schmalen Landstraßen über die Insel. Über eine Brücke zu erreichen ist die Insel Langeland (12 300 Einw.). Die Hauptstadt Rudkøbing besitzt ein gemütliches Hafenviertel und viele malerische Gassen. Im TICKON-Park von Tranekær Slot haben rund 20 »Land-Art«-Künstler Skulpturen und Objekte geschaffen, die sich im Laufe des Lebens oder Verwesens verändern. Faszinierend ist der »Organic Highway«: ein schnurgerader Weg aus parallel gelegten Ästen.

Ærø Tourist Info: Ærøskøbing Havn 4, Ærøskøbing, Tel. +45 62 52/13 00, www.arre.dk; Langeland Tourist Info: Torvet 5, Rudkøbing, Tel. +45 62 51/35 05, www.langeland.dk; weitere Tourist Infos und Fährverbindungen: www.detsydfynskeoehav.dk

3 Schloss Egeskov

Auf Fünen gibt es unglaubliche 123 Schlösser, die jedoch nicht alle von innen zu besichtigen sind. Egeskov zählt zu Europas schönsten Renaissance-Wasserburgen und ist, obwohl bewohnt, für Besucher geöffnet: Rote Backsteinmauern, Türme und Treppengiebel spiegeln sich im Wasser vor dem Grün des Parks mit Buchsbaumhecken, Bambus-Irrgarten und einem Kräutergarten. Je nach Saison kann man auch Pflanzen kaufen. In den Ausstellungen gibt es Landwirtschaftsgeräte, Kutschen sowie Oldtimer-Autos und -Flugzeuge zu sehen. Einen Tag füllt der Besuch des wunderschön gelegenen Schlosses mühelos.

Egeskov Gade 18, Kværndrup, Tel. +45 62 27 10 16, Mai–Mitte Okt. tgl. 11–16, Ende Juni bis Mitte Aug. bis 19, Mitte–Ende Aug. bis 18 Uhr, www.egeskov.dk

Hotels

Book en Shelter
Mehr Naturnähe geht nicht: Die rund 30 architektonisch interessanten Hütten im Süden Fünens und auf den Südfünischen Inseln sind oft direkt am Strand und v. a. perfekt für (Rad-)Wanderer. Auf der Website kann nach einer Karte und nach Kriterien wie Lagerfeuerplatz oder vorhandenes WC selektiert und teilweise direkt gebucht werden.
Tel. +45 62 68 19 79, www.klatretrae.dk

Gammel Brydegaard
Auf dem ehemaligen Bauernhof ist es vollkommen »hyggelig« (= typisch dänisch behaglich): moderne gemütliche Zimmer ohne Fernseher, ein idyllischer Garten mit Hängematten und Tipis, vorzügliche saisonale Küche und gute Weine sowie freundlicher Service.
Helnæsvej 4, Haarby,
Tel. +45 64 77 14 75, DZ ab 94 €,
www.gammelbrydegaard.dk

Hesselet
Das Tophotel liegt im Forstgebiet Christianslund direkt am Meer, die Umgebung lädt zu Golf, Tennis, Baden, Radeln oder Wandern ein – aber auch zum Innehalten und Ausblick genießen: Vom Hesselet aus ist die mit ihrer Länge von 18 km beeindruckende Großer Belt-Brücke »Storebælt« zu sehen, die Seeland und Fünen verbindet.
Christianslundvej 119, Nyborg,
Tel. +45 65 31 30 29, DZ ab 239 €,
www.hotel-hesselet.dk

»Eines der größten küstennahen und gezeitenabhängigen Feuchtgebiete der Erde« sagt die Unesco, andere sagen »einfach schön« – das Watt, hier vor Braderup.

04 **Sylt**
Schleswig-Holstein

Was war eigentlich zuerst da? War es die atemberaubende Schönheit dieser Insel mit ihren weißen Stränden, der tosenden Brandung und dem Wattenmeer, das zwei Mal am Tag zum Spaziergang auf dem Meeresboden einlädt? Oder war es das illustre Publikum, das sich hier einzurichten wusste, in Reetdach-Romantik mit Golfclub, Whiskymeile, frischen Austern und Schampus? Schön, wahrscheinlich war es die Natur. Aber hey, wer mal für ein paar Tage oder auch nur Stunden der Hecht sein will, den Cayenne schnurren lassen, dem Ober einen Schein hinhalten und dazu sagen: Behalt den Rest – der findet hier immer ein gut sichtbares Plätzchen. Zumindest eines, an dem andere sich bei eben jenen beneidenswerten Extravaganzen beobachten lassen. Und sage keiner, die besten Jahre mit Gunter Sachs und so seien unwiderruflich vorbei. Die lang gezogene Insel sei ein »Sahnekleks im Meer«, formulierte eine Gesellschaftsreporterin erst kürzlich sehr originell, entdeckte Kloppo, Kerner, Jauch und Gabriel, registrierte den ungebrochenen Trend zur Bonbonfarbe bei den Kaschmirpullis und hielt sich ansonsten klug am Rande. »In jeder Welle hängt ein nackter Arsch«, meckerte Romy Schneider damals und ward nicht mehr gesehen. Und der Parkplatzwächter wusste über die nackerten Promis zu berichten: »Die hüpften in die Düne und hatten nur noch ihr Kofferradio an.« Hmm. Muss man mögen. Aber vielleicht sind diese Jahre ja tatsächlich ausgestanden. Heute wird diskreter getobt. Augstein und Raddatz liegen hier begraben. Mit Seeblick. Und wirklich gibt es wieder Menschen, die sich einen Strandkorb nehmen und aufs Meer hinausschauen. Die ein Fahrrad mieten und gegen den Wind antreten. Hinauf zur Braderuper Heide. Oder in die weißen Dünen am Ellenbogen ganz oben im Norden. Da kommt auch der zappeligste Städter zur Ruhe.

www.sylt.de

1. Ellenbogen und Sylter Sahara
2. Lister Hafen
3. Kampen
4. Rotes Kliff
5. Uwe-Düne
6. Braderuper Heide
7. Keitum
8. Morsum-Kliff
9. Das Watt
10. Hörnum-Odde

- (Hotel 1) Friesenhof
- (Hotel 2) Hotel Hof Galerie
- (Hotel 3) Pension Jensen

1 Ellenbogen und Sylter Sahara

Hier am nördlichsten Ende Sylts treffen das ruhige Wattenmeer und die stürmische Nordsee aufeinander – ein faszinierendes Naturschauspiel. Die HalbinselEllenbogen ist ein perfekter Fluchtpunkt für Ruhe suchende Menschen. Es ist nicht nur das Meer, das fasziniert, auch die beiden noch aktiven Leuchttürme (List Ost und List West) und 300 frei laufende Schafe tragen zur besonderen Stimmung bei. Und natürlich der Sand: Thomas Mann fühlte sich hier an die Sahara erinnert. Und so werden Deutschlands einzige verbliebene Wanderdünen, die sich vom Ellenbogen bis in die Gegend südwestlich von List erstrecken, heute tatsächlich Sylter Sahara genannt. Pro Jahr wandern die Quarzsandberge, vom Wind getrieben, bis zu 7 m gen Osten. Um nicht von den Quarzsandbergen immer wieder überrollt zu werden, be-gann man auf Sylt schon im 18. Jh. mit der systematischen Bepflanzung von Dünen, um sie zu befestigen. Nur am Ellenbogen blieb ihnen noch Spielraum. Seit 1923 steht das Gebiet unter Naturschutz und darf nur auf ausgewiesenen Wanderwegen betreten werden. Nur mit Spezialführungen kommt man weiter hinein. Die Fahrt auf der Privatstraße bis zur Ellenbogenspitze ist für Pkw kostenpflichtig (Tageskarte 5 €). Wer zu Fuß oder per Fahrrad kommt, folgt nahe dem Strand den Wegweisern zum »Nördlichsten Punkt Deutschlands«. Bei guter Sicht erblickt man von hier die 4 km entfernte dänische Nachbarinsel Rømø.

Tourist Info (Anm. Spezialführungen Wanderdünen): Landwehrdeich 1, List, Tel. +49 46 51/952 00, www.list-sylt.de

2 Lister Hafen

»Komm, wir gehen Kreuzfahrtschiffe gucken!« Nirgendwo in Sylt kann man das so gut wie in List. Alle paar Wochen ankert eines dieser riesigen Schiffe unweit des Hafens. Viele Seefahrtromantiker sitzen dann am Ufer, um das Treiben zu verfolgen und zu träumen – manchmal untermalt vom Schiffsfeuerwerk. In List selbst legt die Autofähre von und nach Rømø ab, hier starten die Ausflugskutter zu den Seehundsbänken ebenso wie die letzten Sylter Krabbenfischer zu ihrem Fang. Im Hafen liegen auch noch diverse Yachten und ein Seenotrettungskreuzer wartet auf seinen Einsatz. Hier ist Leben, hier herrscht fröhlichbuntes Treiben und hier sorgt die »nördlichste Fischbude Deutschlands«, dafür, dass niemand darben muss.

Am Fähranleger, List

Gewusst, wie

Das Fahrrad ist das Verkehrsmittel der Wahl, damit kommt man auf der Insel mit ihrem begrenzten Straßennetz viel weiter herum als mit dem Auto. Vom Ellenbogen bis zur Hörnum-Odde dauert es nicht länger als zwei Stunden.

Oft fotografiert, immer wieder überwältigend: Der Sonnenuntergang an den steilen Abbruchkanten des Roten Kliffs ist ein farbenfrohes Naturschauspiel.

3 Kampen

Kampen ist ein Paradoxon, ein Dorf der Gegensätze, in dem fast alles möglich ist. Auf ca. 600 Bürger kommen vier Mal so viele Gästebetten. Im Sommer konzentriert sich auf kleinster Fläche eine ungeahnte Zahl von Nobel-Lokalen, Luxus-Boutiquen und Edel-Limousinen. Andererseits bietet Kampen einen atemberaubenden Reichtum an Naturerlebnissen – schier endlos scheinende Sandstrände und weite Heidelandschaften. Außerhalb der Saison wirkt das Dorf fast verlassen, und als einsamer Wanderer kann man die »erfrischende Melancholie«, die Thomas Mann einst in Kampen verspürte, nachempfinden.

Tourist Info: Hauptstr. 12, Kampen,
Tel. +49 46 51/469 80, www.kampen.de

4 Rotes Kliff

Bis zu 30 m hoch und 4 km lang ist die dramatische Steilküste zwischen den Orten Wenningstedt und Kampen, einer der landschaftlichen Höhepunkte Sylts, der bei jeder Sturmflut weiter angefressen wird. Von hier aus erlebt man ein doppeltes Naturschauspiel: auf der einen Seite die Brandung der Nordsee, auf der anderen die atemberaubende Dünenwelt. Das Kliff ist ein beliebter Treffpunkt zum Sonnenuntergang, z. B. am Leuchtturm »Christian«. Dann tost die Brandung noch lauter und die feuerrot glühenden Abbruchkanten sehen in der tiefstehenden Abendsonne noch markanter aus. Mit seinem auffälligen Aussehen diente das Kliff schon früh Seefahrern zur Orientierung. Der Geologe Dr. Klatt vermittelt auf einer dreistündigen Wanderung anschaulich

Hotels

Friesenhof
Auf einem parkähnlichen Gelände, 5 Min. zu Fuß vom Strand entfernt, befindet sich der familiengeführte Friesenhof mit komfortablen Ferienwohnungen und Hotelzimmern. Das Gebäude ist eines der ältesten auf Sylt. Von außen strahlt es den gediegenen Charme vergangener Zeiten aus, innen ist es modern und hell.
Hauptstr. 26, Wenningstedt,
Tel. +49 46 51/94 10, DZ ab 125 €,
www.sylt-friesenhof.de

Hotel Hof Galerie
Historische Architektur mit moderner Einrichtung, eine Galerie mit Werken zehn verschiedener Künstler, in der man wohnen kann, ein familiengeführtes stilvolles Haus mit nur 20 Suiten (manche mit Kamin) und Wellnessbereich – das ist das charmante Hotel Hof Galerie.
Serkwai 1, Morsum,
Tel. +49 46 51/95 70 50, DZ ab 170 €,
www.hotelhofgalerie.de

Pension Jensen
Gemütliche kleine Pension mit zwölf nett eingerichteten Zimmern in zentraler Lage in List. Ideal für Familien: Es gibt eine kleine Küche zur Selbstversorgung. Nach einem fünfminütigen Spaziergang erreicht man die Dünen an der Strandpromenade.
Am Lister Tor 1, List,
Tel. +49 46 51/954 90, DZ ab 90 €,
www.pension-jensen.de

Die sympathisch-urigen Reetdachhäuser, hier in Alt-Westerland, sind nur ein Grund für die Sehnsucht, die Sylt bei Besuchern und Einheimischen weckt.

Wissenswertes über das Kliff, die Entstehung der Insel, Küstenschutzmaßnahmen, die verschiedenen Gesteins- und Sandablagerungen und die Tideströme.

Zwischen Kampen und Wenningstedt; Wattwanderung: Strandübergang Berthin-Bleeg-Str., Wenningstedt, Apr./Mai, Sept./Okt. Mo 10 Uhr, www.geotourssylt.de

5 Uwe-Düne

Über gerade einmal 115 Stufen gelangt man auf den höchsten (52,5 m) und schönsten Aussichtspunkt der Insel, benannt nach dem Sylter Freiheitskämpfer und Volkshelden Uwe Jens Lornsen, der sich zu Anfang des 19. Jh. für ein unabhängiges Schleswig-Holstein starkmachte. An klaren Tagen ist von der Holzplattform auf dem »Gipfel« des grasbewachsenen Sandbergs ein Rundblick über ganz Sylt und bis Amrum, Föhr und Dänemark möglich, bei schlechter Sicht geben immerhin die Infotafeln Auskunft.

1 km westlich von Kampen, www.kampen.de

6 Braderuper Heide

Am schönsten wirkt sie ab April bis in den Spätsommer hinein – in der unter Naturschutz stehenden Braderuper Heide spaziert man wunderbar und betrachtet dabei die farbenfroh blühende Besenheide, Glockenheide und Krähenbeere. Die Landschaft ist entstanden, nachdem eine Waldfläche abgeholzt wurde. Heute wird die 137 ha große Fläche von Menschen und von Schafen gepflegt und erhalten. Letztere weiden hier und sorgen so dafür, dass die Pflanzen nicht zu sehr wuchern und die Heide nicht verholzt. Die Gegend zwischen Kampen und Wenningstedt-Braderup ist außerdem gespickt mit Vorzeitgräbern, darunter das sagenumwobene bronzezeitliche Hügelgrab Brödihoog: Hier soll ein Sylter Geizkragen seine Schätze versteckt und später an derselben Stelle seine beiden Söhne verloren haben. Wissenschaftlich erwiesenes Hintergrundwissen über Sylts Natur und die schützenswerte Heidelandschaft vermittelt die Ausstellung im Naturzentrum Braderup.

Naturzentrum (mit Zugang zur Heide und organisierten Wanderungen): M.-T.-Buchholz-Stig 10a, Wenningstedt/Braderup, Apr.–Okt. Mo–Sa 10–18 Uhr, www.naturschutz-sylt.de

7 Keitum – Dorf mit Kirche

Keitum brilliert bundesweit an der Spitze aller Dorfidyllen. Das »friesische Juwel« mit seinen rund 200 Jahre alten Kapitänshäusern, grasbewachsenen Friesenwällen und hundertjährigen Kastanien, Buchen und Linden mutet wie ein bewohntes Freilichtmuseum an. Nette Boutiquen und Teestuben, inspirierende Galerien und Kunsthandwerker sowie herausragende Köche machen den Besuch zu einem Fest der Sinne. Die spätromanische Seefahrerkirche St. Severin (gebaut ab dem Anfang des 13. Jh.) mit Weinberg thront über dem Dorf. Auf dem Friedhof haben berühmte Keitumer wie Jens Mungard und Kapitäne, aber auch prominente Syltliebhaber wie die Verleger Rudolf Augstein und Peter Suhrkamp ihre letzte Ruhe gefunden. Im 1739 erbauten Altfriesischen Haus lebte der große Chronist Sylts, Christian Peter Hansen (1803–1879), der das Gebäude 1850 kaufte und dessen umfangreiche heimatkundliche Sammlung von prähistorischen Funden, kunsthandwerklichen Arbeiten, Gebrauchsgegenständen und Schmuck auch den Grundstock für das heutige eindrucksvolle Museum bildet. Von unten bis oben ist das Haus im Stil der Wende vom 18. zum 19. Jh. möbliert und gibt so einen authentischen Eindruck von der altfriesischen Wohnkultur.

Tourist Info: Gurtstig 23, Keitum, Tel. +49 46 51/299 03 97, www.insel-sylt.de; Altfriesisches Haus: Am Kliff 13, Keitum, Ostern–Okt. Mo–Fr 10–17, Sa/So 11–17, Nov.–Ostern außer Jan. Mi–Sa 12–16 Uhr, www.soelring-foriining.de

8 Morsum-Kliff

Das Farbenspiel des nationalen Geotops beeindruckt besonders an einem sonnigen Morgen: Zum Rostrot des Limonitsandsteins, Weiß des Kaolinsands und Blauschwarz der Kliffböden kommen das Gelb der Dünen, das Grün des Strandhafers, das Violett der Heide und der blaue Himmel. Das 1800 m lange und bis zu 21 m hohe Morsum-Kliff zeigt auf einen Blick zehn Millionen Jahre Erdgeschichte: Die Eiszeitgletscher haben die Schichten vor rund 150 000 Jahren schräg gestellt, nun liegen sie gut sichtbar nebeneinander.

Aussichtsplattform: 2 km östl. von Morsum

9 Das Watt

Das Wattenmeer zwischen der Ostseite Sylts und dem Festland ist ein einzigartiger Naturraum, dessen zyklisch vom Wasser eingenommene und wieder freigegebene Schlick- und Sandfläche sich über 10–30 km Breite erstreckt. Seit 1985 wird es als Nationalpark Schleswig-Holsteinisches Wattenmeer geschützt, trotzdem darf man in der Nähe des Ufers wandern. Am leichtesten ist dies (in Gummistiefeln oder festem Schuhwerk) am breiten, festen Strand bei Ebbe. Empfehlenswert ist ein kundiger Wattenführer, der nicht nur die Gezeiten, sondern auch die vielen Tierarten kennt.Wer es dann noch genauer wissen will, z. B. ob der Wattwurm Haare hat, kann in der Wattwerkstatt der Rantumer Schutzstation Wattenmeer durchs Mikroskop gucken und so die Eigenheiten und Funktionen der Tiere und Pflanzen in der Nordsee noch besser verstehen.

Ostseite Sylts, Gezeitenkalender in den Tourist Infos und unter www.sylt.de; Schutzstation Wattenmeer mit geführten Wanderungen und Wattwerkstatt (Fr 16–18 Uhr): Am Torbogen 7, Rantum, Tel. +49 46 51/92 61 70, www.schutzstation-wattenmeer.de; weitere Wanderungen: www.naturgewalten-sylt.de

10 Hörnum-Odde

Bis zu 40 m Küstensaum spülen jährlich an der Inselsüdspitze einfach so ins Meer. Bei Niedrigwasser spaziert man in einer Stunde durch die an drei Seiten meerumspülte Heide- und Dünenlandschaft und sieht dabei die Spuren der letzten Stürme an der Hörnum-Odde. Im Osten liegt die sanfte Wattseite mit artenreichen Salzwiesen, dem Vogelschutzgebiet Sandnehrung und der ruhigen See, im Westen die raue Seite mit langem Badestrand, starker Brandung und rund 6000 Schweinswalen. Von Mai bis Juli werfen die ca. 1,70 m langen Kleinen Tümmler, dann sichtet man oft die Rückenfinnen von Mutter und Kind. In Hörnum selbst gibt es auch viel zu sehen: Hier ragt der Leuchtturm 34 m plus 16 m Düne selbstbewusst in die Höhe. Er ist der einzige auf Sylt, den man von innen besichtigen kann. Bei der empfehlenswerten Führung erlebt man neben der grandiosen Aussicht über die nordfriesische Inselwelt den Leuchtturmführer Knud Remmer, der die wechselvolle Geschichte über den gusseisernen Turm äußerst spannend erzählt.

Tourist Info: Rantumer Str. 20, Hörnum, Tel. +49 46 51/962 60, www.hoernum.de; Leuchtturmführungen (früh reservieren!): Tel. +49 46 51/962 60, Mo/Mi/Do stdl. 9–12 Uhr, www.hoernum.de

Beste Reisezeit

Wein-Raritäten probieren, auf eine Gourmet-Safari gehen oder Schokolade naschen – die Sylter Spitzen-Gastronomen sowie Gastköche und -winzer laden vier Tage lang Mitte Januar zum »Internationalen Gourmet Festival« (www.gourmet-festival-sylt.de) mit lukullischen Genüssen ein. Noch ein Tipp: Für Sylts Hauptsaison zwischen Juli und September sollte man die Unterkunft unbedingt vorausbuchen.

05 Föhr, Amrum und Halligen

Schleswig-Holstein

Es war dieses Licht, von dem die Kollegen in Berlin geschwärmt hatten. Eines Tages machte sich auch Otto Heinrich Engel auf den Weg an die nordfriesische Küste, schiffte sich ein in Dagebüll, landete in Wyk und klopfte schließlich an die Tür von Grethjens Gasthof in Alkersum. Das war 1901. Viele Reisende sollten folgen. Und Föhr wurde zu einer Insel der Maler. Andere waren von dort geflohen. Das karge Leben hatte sie vertrieben, der Wind, das Meer, die Einsamkeit. Aber keinen hat die Heimat losgelassen. Aus New York kehrten sie zurück nach Amrum oder Föhr, brachten Dollars und eine ganz unfriesische Vorliebe für den Manhattan, ein Teil Whisky, zwei Teile Wermut. Überall hier zu bekommen. Und Wind, Wasser, Stille sind längst kostbare Genüsse. Einer hatte sich in Schweden niedergelassen, nannte seine Firma dort nach der Sprache, die seine Ahnen auf Föhr gesprochen hatten: Ferring. Als aus der Firma ein pharmazeutisches Weltunternehmen geworden war, stiftete er ein Museum, das Museum Kunst der Westküste in Alkersum mit Gemälden von Edvard Munch und Emil Nolde, Max Beckmann, Anna Ancher und Peder Severin Krøyer. Ein anrührendes Haus, viele Werke heimgekehrt an den Ort, der sie inspiriert hatte. Und wie das in der Kunst so ist, viele gaben Anlass für neue Bilder vom Licht und vom Leben auf den Inseln. Grethjens Gasthof übrigens liegt gleich nebenan.

www.foehr.de, www.amrum.de, www.halligen

Schon Anfang März beginnt auf Amrum zwischen Dünen und Kniepsand die Strandkorb-Saison.

1 Nolde Museum

Niemand hat die nordfriesischen Stimmungen farbiger und dramatischer auf Leinwand verewigt als der große deutsche Expressionist Emil Nolde. Einen Besuch des Museums in Noldes einstigem Wohn- und Atelierhaus auf dem Festland in Niebüll sollte man daher keinesfalls versäumen. Zu sehen sind neben Noldes (Nordsee-)Gemälden, Blumenaquarellen und Druckgraphiken auch die original möblierten Wohnräume. Der zauberhafte Blumengarten, der wie auch das Haus nach Emil und Ada Noldes Entwürfen gestaltet ist, inspirierte den Maler und findet sich in seinen Werken wieder. Zum Anwesen gehören auch ein schönes Café und ein Gästehaus.

Seebüll 31, Neukirchen, März–Nov.
tgl. 10–18 Uhr, www.nolde-stiftung.de

2 Föhr

Die 82 qkm große Insel mit ihrer Hauptstadt Wyk (ca. 4200 Einw.) und den 16 kleinen und größeren Dörfern bezeichnet sich selbst gerne als das »freundlichste Plätzchen in der wilden Nordsee«. Mehr als die Hälfte der grünen Insel ist flaches, fettes Marschland. Pferde und Rinder grasen auf den grabenumzogenen Marschwiesen, den sog. Fennen, Schafherden auf den Deichen. Drum herum erstrecken sich gut 15 km feiner Sandstrand, im Süden und Osten der Insel und ein Stück die Westküste enflang – von hier blickt man bis nach Amrum und zur Hallig Langeneß. Mit über 200 km meist ebenen Fahrradwegen und fünf ausgeschilderten Thementouren ist die Insel ideal für Erkundungen mit dem Rad, aber auch zu Fuß oder zu Pferde ist man hier gut unterwegs. Tagesgäste können Föhr zudem bequem mit der Inselbahn (www.friesenexpress.de) ab dem Wyker Fähranleger erkunden. Föhr liegt im Zentrum des großen Nationalparks Schleswig-Holsteinisches Wattenmeer. Die mannigfaltige Welt des Wattenmeers vermittelt zu allen Jahreszeiten interaktiv das Nationalpark-Haus im Wyker Rathaus (nph-foehr.nationalparkservice.de). Dem Schutz dieses Weltnaturerbes dient es auch, dass Schiffe die Föhrer Sandbänke nur langsam passieren, um Seehunde und auch einige Kegelrobben, die sich dort tummeln, nicht zu stören. Jedes Jahr Ende Mai beginnt die Wurfzeit der Seehunde, die bei Niedrigwasser ihre Jungen auf den Sandbänken zur Welt bringen. Auch historisch Interessierte kommen auf ihre Kosten, sei es auf den Spuren der im 7./8. Jh. zugewanderten Friesen oder der Wikinger, die im 11. Jh. zahlreiche Grabhügel und den Ringwall der Lembecksburg hinterließen. Die »Sprechenden Grabsteine« auf dem Friedhof von St. Laurentii in Süderende erzählen spannende Geschichten über die im 18. Jh. verstorbenen Walfänger der Insel. Die Grabmonumente rund um den mittelalterlichen Kirchenbau sind kunstvoll verziert. Zwischen schmucken, traditionellen Friesenhäusern mit ihren roten Backsteinmauern, tiefgezogenen reetgedeckten Dächern, den typischen Sprossenfenstern und idyllischen Gärten steht in Oevenum eine 150-jährige Eiche. Diese Frieneneiche wurde 1871 zum Ende des Deutsch-Französischen Krieges gepflanzt. Eindrucksvoll ist auch die älteste und größte Kirche der Insel, der mittelalterliche »Friesendom« in Nieblum. Kunst- und Kultur stehen besonders im benachbarten Alkersum mit dem Museum Kunst der Westküste (www.mkdw.de) hoch im Kurs, sowie in Oldsum mit seinen Künstlerateliers, wo auch gemütliche Cafés zum Schlendern einladern.

Bahn: InterCity-Kurswagen bis zum Fährbahnhof Dagebüll; (Auto-)Fähren der Wyker Dampfschiffs-Reederei (W.D.R.) von Dagebüll aus bis zu 14-mal tgl. nach Föhr und Amrum, Fahrt ca. 50 Min.; Tourist Info: Fähranleger 1, Wyk, Tel. +49 46 81/300, tgl. mindestens 10–13 Uhr, www.foehr.de

Schietwetter-Tipp

Ob Wellenbad, Sauna, Fitness, Massagen oder Thalasso-Anwendungen mit Schlick, Meerwasser oder Algen – im Wyker Aquaföhr (www.aquafoehr.de) lässt es sich so richtig abtauchen, und das in reinem Nordseewasser und in gesunder, jodhaltiger Luft.

3 Amrum

Sand! Das ist auf Amrum zum einen der fantastische Strand: Wenn bei Ebbe die Kniepsandbank zum Vorschein kommt, die östlich der Insel vorgelagerte, feinsandige Ebene zwischen Meeresufer und Dünengürtel, dann reicht der Blick über eine rund 1,5 km breite und 15 km lange weiße Strandlandschaft. Und westlich der Insel

1 Nolde Museum
2 Föhr
3 Amrum
4 Hallig Hooge
1 Landhaus Altes Pastorat
2 Ferienwohnungen Arche
3 Seeblicker

Gewusst wie

Pferde – statt Fahrradsattel – Föhr ist die Pferdeinsel schlechthin. Holsteiner Warmblut, Friesen, Lusitanos und Shetlandponys lassen den Boden auf Föhrer Wiesen (insbesondere in und um Alkersum) unter ihren Hufen dröhnen. Eine elegante Art der Fortbewegung. Und ein Erlebnis.

erstreckt sich die wunderbare (sandige) Welt des nordfriesischen Watts. Dazwischen liegen Dünen (das perfekte Refugium für brütende Seevögel), die fünf Dörfer Norddorf, Nebel, Steenodde, Süddorf und Wittdün – und Wald. Anders als auf den fast baumlosen Inseln der Nordseeküste ist ein Zehntel Amrums bewaldet. Im Lee der Dünen hatten die Amrumer Bäume gepflanzt, um die Inseldörfer vor Sandverwehungen zu schützen. Lange Spaziergänge, sei es zur Aussichtsdüne, zur geschützten Nordspitze Odde oder – durchs Watt – mit Wattührer! – bis hin zur 8 km entfernten Nachbarinsel Föhr sind besonders schön. Am Kniepsand und im Watt gibt es immer Neues zu entdecken. Zum Beispiel die ständig wechselnde Gestalt der im Kniepsand verstreuten, an vergangene Hippie-Zeiten erinnernden, bunten Hütten aus angeschwemmtem Strandgut. Bekanntester, reich mit bunten Wimpeln, Kugeln und reflektierenden Bändern verzierter Blickfang ist »Panchos Burg« des Berliner Künstlers Otfried Schwarz zwischen Norddorf und Nebel. Von anderer, unübersehbarer Dimension ist Amrums Leuchtturm in den südlichen Dünen: Mit 66 m ist er der höchste an der deutschen Küste und bietet von seinem Rundbalkon einen grandiosen Weitblick. Wer Amrum in den Sommermonaten besuchen will, sollte frühzeitig buchen, da die Zahl der Unterkünfte auf Amrum sehr viel geringer ist als beispielsweise auf Sylt.

Mit derselben Fährlinie wie Föhr vom Festlandshafen Dagebüll aus erreichbar; Tourist Info: Inselstr. 14 (Fähranleger), Wittdün, Tel. +49 46 82/940 30, Mo–Fr 8.30–17.25 Uhr, www.amrum.de; Leuchtturm: Tanenwai 46A, Nebel, Sommer Mo–Fr 8.30–12.30, Mi bis 14, Winter 9–13 Uhr

4 Hallig Hooge

»Schwimmende Träume« nannte sie einst der Dichter Theodor Storm: die Halligen. Diese Handvoll Häuser auf einem kleinen Stück Land inmitten der See, das nicht einmal als Insel gilt. Im Gegensatz zu den »richtigen« Nordseeinseln auf ihren

Die Salzwiesen der Hallig Hooge, zwischen denen sich wasserführende Priele ziehen, werden als Weiden genutzt. Die Häuser stehen sämtlich auf den neun höhergelegenen Warften.

eiszeitlichen Moränen- oder Geesthügeln bildeten sich die Halligen erst im Mittelalter als flache Erhebungen aus dem Schlick der großen Sturmfluten. Zum Schutz vor weiteren Stürmen stehen dort die Häuser auf künstlich angelegten Wohnhügeln, den Warften. So ist eine weltweit einmalige Form maritimer Landnutzung entstanden. Regelmäßig heißt es »Landunter«, wenn im Herbst oder Winter Sturmfluten das Halligland überschwemmen und nur noch die Häuser auf den Warften aus der Nordsee schauen. Nur fünf der zehn Halligen im schleswig-holsteinischen Wattenmeer sind bewohnt: Langeneß, Oland, Nordstrandischmoor, Gröde und Hooge, als besucherfreundlichste der Halligen. Auf neun Warften leben hier etwa 100 Menschen dauerhaft. Ferien- und Tagesgäste können auf Hallig Hooge in die endlose Weite und entspannte Welt der Halligen eintauchen. Sei es, dass sie auf 11 km den Sommerdeich umwandern (sofern er nicht im Winter unter Wasser steht), geführte Wanderungen durch Watt und Salzwiesen unternehmen oder (im Sommer) außendeichs acht grüne Badestellen genießen. Auf der Kirchwarft beeindruckt die 1634 nach einer Sturmflut wiedererstandene Halligkirche, auf der Hanswarft bietet das Heimat- und Halligmuseum spannende Einblicke in die lokale Geschichte, Tradition und Kultur. Das faszinierende Zusammenspiel von »Mensch & Watt« wird gleich nebenan im gleichnamigen Erlebniszentrum der Schutzstastion Wattenmeer lebendig präsentiert. Hooge und die anderen Halligen sind Teil des »Biosphärenreservats Schleswig-Holsteinisches Wattenmeer und Halligen« im Rang eines Unesco-Welterbes.

Tourist Info: Hanswarft 1, Hallig Hooge, Tel. +49 48 49/91 00, Mo–Fr 9–15; Erlebniszentrum: Hanswarft 2, Tel. +49 48 49/2 29; Halligmuseum: Hanswarft 10, +49 48 49/238, März–Okt. tgl. 10–16 Uhr, Nov.–Feb. auf Anfrage, www.halligen.de, www.hooge.de

Hotels

Landhaus Altes Pastorat

Der perfekte Rückzugsort: Nur zehn Luxuszimmer und -suiten befinden sich im reetgedeckten, historischen Gebäudeensemble inmitten eines parkartigen Gartens. Luxuriöse Spa-Angebote mit Saunen und Tepidarium. Das den Hausgästen vorbehaltene Restaurant bietet regional ausgerichtete Spitzengastronomie.

Süderende, Föhr,
Tel. +49 46 83/226, DZ ab 160 €,
www.landhaus-altes-pastorat.de

Ferienwohnungen Arche

Hier hat man die Wahl zwischen 15 eleganten und gemütlichen Ferienwohnungen unterschiedlicher Größe direkt am hohen Strandweg auf Amrum. Gemeinsamer Wellnessbereich mit Sauna, Whirlpool und Ruheliegen sowie Brötchenservice und Fahrradverleih.

Mittelstr. 19/Obere Wandelbahn,
Wittdün, Tel. +49 46 82/13 13, ab 50 €,
www.arche-amrum.de

Seeblicker

Die Raucher- und Nichtraucherzimmer, Suiten und Ferienwohnungen von Familie Hesse sind im gemütlichen Friesen- und Landhausstil eingerichtet. Erholung für Körper und Geist versprechen Spa, Schwimmbad und Garten. Hervorragend ist auch das Slow-Food-Restaurant.

Strunwai 13, Norddorf auf Amrum,
Tel. +49 46 82/92 10, DZ ab 100 €,
www.seeblicker.de

Knallig rot und das höchste Gebäude Pellworms – seit 1907 ist der Leuchtturm in Betrieb und warnt Schiffe bei Unwettern.

06 **Pellworm und Husum**

Schleswig-Holstein

Manchmal gibt der Schlick noch eine Erinnerung frei, Tonscherben, ein Stück Kupfer. Doch seit der Groten Mandränke 1362 und der Sturmflut 1634 ist Rungholt nur noch eine Legende. Tausende ertranken, das Meer riss das Land unter ihren Füßen mit sich. Die Stadt ist verschwunden, und mit ihr die halbe Insel Strand, aus der die Bewohner Torf gestochen hatten, bis der Boden unter den Meeresspiegel gesunken war. Heute sind Nordstrand und Pellworm von Deichen umgeben, winzige Halligen ragen aus dem Wattenmeer, und alle sechs Stunden erteilt die Flut eine neue Lektion zu den Kräften der Natur. Die Nachfahren der alten Friesen haben den Respekt gelernt. Sie laden zur Wattwanderung oder zu einem Inselleben in ländlichem Grün, aber sie bewahren auch, was ihnen anvertraut wurde. Erzeugen ihren Strom aus dem, was reichlich da ist, nämlich Wind und Sonne, schützen Seehundbänke und Zugvogelschwärme – stellen aber gern ein Fahrrad für die Tour über die Insel zu Verfügung, satteln Pferde für einen Ritt durch schäumende Gischt. Und wer Sinn hat für perfekte Harmonie, der lauscht einem Konzert auf der 1711 gebauten Arp-Schnitger-Orgel in der Kirche St. Salvator. Mittwochs bei Kerzenschein.

www.nordseetourismus.de

1. Schloss Husum
2. Beltringharder Koog
3. Schiffahrtsmuseum Nordfriesland
4. Rungholtmuseum Bansen
5. Pellworm

Hotel: 1 Hotel Altes Gymnasium
Hotel: 2 Hotel am Schlosspark
Hotel: 3 Kiek ut

1 Husum

Wenn man Nordfriesland kennenlernen will, kommt man an Husum nicht vorbei – nicht nur, weil der gebürtige Dichter Theodor Storm (1817–1888) hier lebte. Husum ist alles andere als die »graue Stadt am Meer«. Ihre romantische Altstadt, der gemütliche Hafen, das Storm-Haus sollte man sich nicht entgehen lassen. Das alte Rathaus von 1601 und noch einige Fassaden aus dem 16. und 17. Jh. erinnern an die Blütezeit Husums. Der von der Stadt ausgewiesene Kulturpfad (beginnend am Markt) verbindet in 34 Stationen die wichtigsten historischen Gebäude, die Wohnhäuser Storms und anderer berühmter Söhne der Stadt sowie die sechs Museen. Übrigens: Die alte Hafenstadt besitzt ein Residenzschloss, das einzige an der Nordseeküste.

Tourist Info: Großstr. 27, Husum, Tel. +49 48 41/898 70, www.husum-tourismus.de; Schloss: König-Friedrich V.-Allee, Husum, März–Okt. Di–So 11–17, Nov.–Feb. Sa/So 11–17 Uhr, www.museumsverbund-nordfriesland.de/schloss-vor-husum

Schietwetter-Tipp

Die Sängerin Isgaard wurde in Husum geboren und hat schon sieben Alben aufgenommen – genug Material, um einen ganzen Schietwetter-Tag auf dem Sofa zu füllen und ihrer Kombination aus Piano und elektronischen Sounds zu lauschen.

2 Beltringharder Koog

Der Beltringharder Koog ist ein wunderschönes Gebiet für ausgedehnte Spaziergänge und geführte Wanderungen. Der gesamte Koog ist ein Naturschutzgebiet, das größte des schleswig-holsteinischen Festlandes. Die Naturschutzstation Arlau als ausgezeichnetes Informationszentrum bietet eine ganze Reihe von Veranstaltungen, Exkursionen und auch Radtouren an.

Naturschutzstation Arlau: Hattstedter Marsch 42, Hattstedter Marsch, www.schutzstation-wattenmeer.de

3 Schiffahrtsmuseum Nordfriesland

Für Nordfriesland ist die Schifffahrt und Fischerei von jeher von großer Bedeutung. Interessant aufbereitet, erfahren Besucher des Museums Wissenswertes über Schiffsbau, Navigation auf hoher See und den früheren Walfang.

Zingel 15, Husum, tgl. 10–17 Uhr, www.schiffahrtsmuseum-nf.de

Lädt zum Bummeln, Schauen und Entspannen ein: die Flaniermeile am malerischen Husumer Binnenhafen. Besonders lecker sind hier die Krabbenbrötchen.

4 Rungholtmuseum Bahnsen

1362 versank sie bei einer großen Sturmflut – die Ortschaft Rungholt. Heute verbergen sich unter dem Schlick des Wattenmeeres Überreste der ehemaligen Siedlungsflächen, teilweise freigespült vom Meer. Der Heimatforscher Helmut Bahnsen trug seit den 70ern über Hunderttausende, im Watt gefundene Fundstücke zusammen – manche davon aus der Neuzeit, manche davon aus Zeiten Rungholts oder noch älter – und stellt sie in seinem kleinen, liebevoll ausgestatteten Museum aus. Mit Gästen unternimmt er Führungen zu den untergegangenen Siedlungsflächen.

Westerschütting 2, Pellworm, Mi ab 15 Uhr, www.insel-museum.de

Gewusst, was

Was ist denn das? An den Strand werden oftmals seltsame Dinge, Tiere und Pflanzen angeschwemmt. Die App »Beachexplorer« hilft beim Bestimmen rätselhafter Fundstücke an der Nordsee (www.beachexplorer.org).

5 Pellworm

Grasende Schafe auf den grünen Deichen, reetgedeckte Bauernhäuser, die endlose Weite von Land und Meer – Pellworm lässt sich am schönsten mit dem Fahrrad entdecken. Dazu gibt es einen praktischen Fahrradverleih (Uthlandestr. 4, Pellworm, www.fahrraeder-pellworm.de). Hinüber kommt man von der Insel Nordstrand mit der Fähre (www.faehre-pellworm.de). Bei guter Sicht sieht man bis zu den Halligen.

Tourist Info: Uthlandestr. 2, Pellworm, Tel. +49 48 44/189 40, www.pellworm.de

Hotels

Hotel Altes Gymnasium

Das traditionsreiche Romantikhotel trägt den Namen seiner früheren Bestimmung: Hier drückte Dichter Theodor Storm einst die Schulbank. Jetzt steht es für eine der feinsten Hoteladressen der Region, mit großzügigem Fitness- und Badebereich in der ehemaligen Turnhalle sowie ayurvedischen Anwendungen.

Süderstr. 2–10, Husum, Tel. +49 48 41/83 30, DZ ab 139 €, www.altes-gymnasium.de

Hotel am Schlosspark

In zentraler Lage zur Innenstadt Husums liegt dieses gemütliche und ruhige Hotel mit 64 modern eingerichteten Zimmern. Schön sind Spaziergänge im nahen Schlosspark, der sich jedes Frühjahr mit unzähligen violett-blühenden Krokussen in ein riesiges Blütenmeer verwandelt.

Hinter der Neustadt 74, Husum, Tel. +49 48 41/661 10, DZ ab 89 €, www.hotel-am-schlosspark-husum.de

Kiek ut

23 einfache, aber nichtsdestotrotz gemütlich eingerichtete Zimmer gibt es in dem kleinen Hotel in Fußnähe zum Deich und zum Badestrand. Das reichhaltige Frühstück nimmt man mit Blick auf die Nordsee und die Halligen ein. Fahrräder für Inseltouren können im Hotel entliehen werden.

Hooger Fähre 6, Pellworm, Tel. +49 48 44/90 90, DZ ab 80 €, www.nordsee-hotel-pellworm.de

07 Dithmarschen und Eiderstedt

Schleswig-Holstein

Also, wer sich hier gleich zu Anfang mit zwei Worten disqualifizieren will, der erzähle mal den platten Witz, dass man in Dithmarschen und Eiderstedt am Mittwoch schon sehen könne, wer am Sonntag zum Kaffee kommt. Er bewiese damit, erstens, eine beschämende Unkenntnis der Geschichte und, zweitens, einen peinlichen Mangel an Respekt vor der Leistung der Menschen an der Westküste von Schleswig-Holstein. Das platte Land hier nämlich, zumindest große Teile davon, haben sie in jahrhundertelanger Anstrengung der Nordsee abgerungen – und es waren wohl so friesisch herbe Typen wie Hauke Haien, die sich immer wieder dem Kampf gegen die Fluten gestellt haben. Theodor Storm hat ihnen in seiner berühmten Novelle vom »Schimmelreiter« ein Denkmal gesetzt, wild und unabhängig. So auch das Land: kraftvoll, offen und dem Meer zugewandt. Wehrhaft wie das gewaltige Eidersperrwerk bei Tönning und weit wie der Strand bei St. Peter-Ording. Endloses Wattenmeer, weiße Dünen, ganz bei sich. Bereits im 13. Jh. war Dithmarschen eine Bauernrepublik. Könige waren verpönt, die Landwirte selbst bestimmten über ihr Geschick. Krabben aus Büsum, unbedingt! Kohl von den Äckern. Und wo andere Regionen eine Weinkönigin krönen, da feiern sie hier eben, nun ja – ihre charmante Kohl-Regentin.

www.nordfrieslandtourismus.de

Hier muss man sich nicht auf die Pelle rücken: 12 km lang und bis zu 2 km breit ist der Stand von St. Peter-Ording.

1 Friedrichstadt

Er hoffte auf Profite aus dem lukrativen Überseehandel, als er 1621 am Zusammenfluss von Treene und Eider eine neue Hafenstadt gründete. Herzog Friedrich III. von Schleswig-Holstein-Gottorf gab ihr natürlich seinen Namen. Holländische Glaubensflüchtlinge wurden angeworben, deren Kapital und Know-how eine Handelsmetropole entstehen lassen sollte. Auch wenn sich die wirtschaftlichen Träume nicht ganz erfüllten, wurde das nordfriesische »Klein-Amsterdam« zu einem Hort der religiösen Toleranz (noch heute sind fünf Religionsgemeinschaften aktiv) und mit seinen Grachten (Kanälen) und Treppengiebelhäusern im niederländischen Stil zu einem pittoresken Schmuckstück. Am besten erkundet man es mit einer Schifffahrt auf den Grachten.

Tourist Info: Am Markt 9, Friedrichstadt, Tel. +49 48 81/939 30, www.friedrichstadt.de; Grachtenschifffahrt: Anleger Stapelholmer Pl., Apr.–Okt., www.grachtenschiffahrt.de

2 Eiderstedt und das Eidersperrwerk

Der Kampf mit dem »Blanken Hans« hat Land und Laute geprägt: Eiderstedt wurde dem Meer abgerungen, aus ursprünglich drei Inseln entstand die nunmehr mit dem Festland verbundene Halbinsel. Ringsum schützen Deiche, auf denen Tausende von Schafen grasen, die flache Marschlandschaft. Zum Schutz gegen die Fluten der Nordsee wurde 1967 bis 1972 auch das monumentale Eidersperrwerk errichtet, eines der größten Küstenschutzbauwerke des Kontinents. Fünf riesige Doppelhubtore fungieren an der Mündung von Schleswig-Holsteins längstem Fluss, der Eider, in die Nordsee sozusagen als Sicherheitsventil. Während im Inneren des Sperrwerks die Verbindungsstraße zwischen Eiderstedt und Dithmarschen verläuft, genießt man vom Rad- und Fußgängerweg in luftiger Höhe einen – vor allem bei stürmischer See – mitreißenden Panoramablick auf die Nordsee, das imposante Bauwerk und die dahinter liegende Marsch. So groß die technischen Eingriffe in die Natur hier waren, so faszinierend ist die weitgehend ungestörte natürliche Entwicklung in den Verlandungsbereichen der unteren Eider. Das neu entstandene Katinger Watt ist heute ein faszinierendes Natur- und Vogelschutzgebiet, das ein äußerst lohnendes NABU-Naturzentrum erschließt.

Eidersperrwerk: kostenloser Parkplatz und Aussichtspavillon am Südende, www.wsv.de/wsa-toe; NABU-Naturzentrum Katinger Watt: Katingsiel 14, Tönning, Tel. +49 48 62/80 04, Ostern–Okt., tgl. 10–18 Uhr, im Winter nach tel. Vereinbarung, www.nabu-katinger-watt.de

3 Tönning und das Watt

Der malerische Hafen an der Eider aus dem 14. Jh. war für Tönning lange ein steter Quell des Wohlstands. Davon zeugen der Marktbrunnen von 1613, schmucke Handelshäuser oder das mächtige Packhaus von 1873. Heute, da die Handelsströme andere Wege genommen haben, ist Tönnings wichtigster Anlaufpunkt das Multimar Wattforum. Im größten und umfangreichsten Informationszentrum des Nationalparks Schleswig-Holsteinisches Wattenmeer können Groß und Klein multimedial und auch ganz spielerisch die Natur an der Nordsee kennenlernen. Wer mag, kann z. B. Brandungswellen selbst erzeugen.

Tourist Info: Am Markt 1, Tönning, Tel. +49 48 61/614 20, www.toenning.de; Multimar Wattforum: Dithmarscher Str. 6a, Apr.–Okt. tgl. 9–18, sonst 10–17 Uhr, www.multimar-wattforum.de

4 Westerhever Leuchtturm

Er ist so etwas wie die Königin der Nordsee-Leuchttürme und weltberühmt. Seit 1908 erhebt sich – pittoresk eingerahmt von zwei baugleichen Wärterhäusern –

Gewusst, wo

Segeln kann man nicht nur auf dem Meer – zumindest in St. Peter-Ording. Dank der idealen Strand- und Windverhältnisse ist die Insel schon seit den 1930er-Jahren ein Mekka der Strandsegler. Auf dem festen, glatten Sandboden erreichen die dreirädrigen Segelflitzer bis zu 100 km/h. Strandsegeln kann man in St. Peter-Ording genauso lernen wie das Fahren mit den von großen Drachen gezogenen Kite-Buggys. Oder man schaut dem rasanten Treiben einfach nur fasziniert zu.

1 Friedrichstadt
2 Eidersperrwerk
3 Tönning
4 Westerhever Leuchtturm
5 St. Peter-Ording
6 Büsum
7 Wesselburen
8 Meldorf
1 50's Seaside
2 Bio-Hotel Miramar
3 Zweite Heimat

der Westerhever Leuchtturm. Der Leuchtturmwärter wurde 1978 durch eine Automatik ersetzt. Doch wer sich telefonisch anmeldet (und dann 157 Stufen erklimmt), genießt von seinem ehemaligen Arbeitsplatz eine grandiose Aussicht über weite Teile Eiderstedts und des Wattenmeers.

Turmbesichtigung nur mit Führung und vorheriger Anm., Eintrittskarten beim Info-Hus am Parkplatz, Ahndelweg 4, Westerhever (ca. 2,5 km zum Leuchtturm), Ostern–Ende Okt. Mo, Mi, Sa, 10–16 Uhr, stdl., Anm. unter Tel. +49 48 65/12 06, www.westerhever-nordsee.de

5 St. Peter-Ording

Es ist nicht die eigene Schwefelquelle, die das »Nordseeheil- und Schwefelbad« Sankt Peter-Ording berühmt gemacht hat. Es ist der herrlich weiße Sandstrand, 12 km lang und bis zu 2 km breit. Das hat nicht nur Vorteile, denn bis zum Meer muss man weit gehen, selbst wenn man im Sommerhalbjahr sogar mit dem Auto bzw. dem Ortsbus bis auf den Strand fahren darf. Andererseits findet in den insgesamt fünf weitläufigen Badeabschnitten ein jeder Strandvergnügen nach eigenem Geschmack, ob Familien mit Kindern, FKK-Freunde, Ruhebedürftige oder Trendsportler wie Strandsegler und Surfer. Für das leibliche Wohl aller sorgen eine Reihe netter Cafés und Restaurants, die auf über 5 m hohen, pittoresken Pfahlkonstruktionen über dem Strand thronen.

Tourist Info: Maleens Knoll 2, St. Peter-Ording/Bad, Tel. +49 48 63/99 90, www.st.peter-ording.de

6 Büsum

1140 wurde Büsum das erste Mal urkundlich erwähnt – und war damals noch eine Insel im Wattenmeer! Vor 430 Jahren dann hat der Ort Anschluss ans Festland

Beste Reisezeit

80 Mio. Kohlköpfe werden jedes Jahr in Dithmarschen angebaut. Der »Kohlanschnitt« wird im späten September mit den Dithmarscher Kohltagen feierlich eingeläutet. Dazu gehören Kohlmärkte, -ausstellungen, Kohlgerichte in allen erdenklichen Varianten und die Kür von zwei Kohl-Regentinnen (www.dithmarscher-kohltage.de).

Holland lässt grüßen: der Mittelburggraben am Marktplatz von Friedrichstadt.

gefunden. Seitdem verbindet der geschäftige Büsumer Hafen das Dithmarscher Hinterland mit dem Meer. Hier stechen Fischerkutter und Ausflugsboote sowie die Helgolandschiffe in See. Nicht zuletzt werden hier die weit gerühmten Büsumer Krabben angelandet, die – frischer geht's nicht – am alten Hafenbecken (Museumshafen) direkt vom Kutter zu kaufen sind.

Tourist Info: Südstrand 11, Büsum,
Tel.: +49 48 34/90 91 14, www.buesum.de

7 Wesselburen

Das idyllische Städtchen Wesselburen mit seinen Kopfsteinpflastergassen liegt inmitten des größten Kohlanbaugebiets in Europa. Der junge Marschboden und die reine Nordseeluft sind es angeblich, die dem Dithmarscher Kohl zu seinem besonderen Aroma verhelfen. So fehlt Kohl hier auf keiner Speisekarte und prägt auch sonst das Leben: Im historischen Gründerzeit-Gebäude der ehemaligen Wesselburer Sauerkrautfabrik wird das Gemüse Nr. 1 im »Kohlosseum« zelebriert: mit Bauernmarkt, Kohlmuseum, Live-Produktion und Verkostung (www.kohlosseum.de). Doch Wesselburen ist auch Kulturstadt: Man wandelt auf den Spuren Friedrich Hebbels, des berühmtesten Sohns der Stadt. In der alten Kirchspielvogtei arbeitete Hebbel Anfang des 19. Jh. lange Jahre als Schreiber, ehe er schließlich in die »große Welt« aufbrach. Hier lässt heute das Hebbel-Museum Leben und Wirken des großen Dichters lebendig werden (www.hebbelmuseum.de).

Tourist Info: Am Markt 5, Wesselburen,
Tel.: +49 48 33/41 01, www.nordseebucht.de

8 Meldorf

Obwohl nie Bischofsstadt, kann Meldorf mit einem »Dom« aufwarten: Eindrucksvoll sind die mittelalterlichen Fresken des frühgotischen Innenraums. Nicht weit davon, in einer früheren Gelehrtenschule inmitten der stimmungsvollen historischen Altstadt, vermittelt das Dithmarscher Landesmuseum spannende Einblicke in bäuerliche Alltagskultur und Selbstverständnis der Dithmarscher.

Tourist Info: Nordermarkt 10, Meldorf,
Tel. +49 48 32/9 78 00,
www.meldorf-urlaub.de;
Museum: Bütjestr. 2–4, Di–Fr 11–16.30,
So 11–16, Juli/Aug. zusätzlich Sa 11–16 Uhr,
www.landesmuseum-dithmarschen.de

Hotels

50's Seaside

»Back to the 50s« lautet das Motto des 2016 eröffneten Design-Hotels, nur wenige Gehminuten vom Büsumer Strand entfernt. Detailverliebte Einrichtung im Retrostil trifft hier auf komfortable und moderne Hotelausstattung wie Fußbodenheizung, WLAN und HD-Smart-TV.

Strandstr. 14, Büsum, Tel. +49 48 34/96 56 30, DZ ab 80 €, www.50seaside.de

Bio-Hotel Miramar

Wo einst Kinder die Schulbank drückten, sind aus Klassenzimmern 34 komfortable Gästezimmer mit gehobener Ausstattung entstanden. In dem nur wenige Minuten von Tönnings Hafen und historischem Marktplatz entfernten Hotel sorgt das Bio-Restaurant »Alte Schule« auch für kulinarische Genüsse.

Westerstr. 21, Tönning,
Tel. +49 48 61/90 90, DZ ab 60 €,
www.biohotel-miramar.de

Zweite Heimat

Das moderne, elegante Hotel liegt direkt hinter den Sanddünen von St. Peter-Ording. Es bietet stilvollen Komfort, schöne Wellnessangebote, ein Restaurant mit hochklassiger regionaler u. saisonaler Küche – und, nicht zu vergessen, eine reizvolle Aussicht auf Strand und Meer.

Am Deich 41, St. Peter-Ording,
Tel. +49 48 63/47 48 91 12, DZ ab 130 €, www.hotel-zweiteheimat.de

Postkartenpanorama im Flensburger Hafen mit der Kirche St. Jürgen im Hintergrund.

08 **Flensburg**

Schleswig-Holstein

Flensburg für Südländer – und das ist von hier oben betrachtet eigentlich jeder: Die Förde ist so etwas wie ein Fjord, also ein langer Arm der Ostsee, der tief ins Land und bis mitten in die Stadt hinein ragt. Eine Rum-Regatta darf man auch nüchtern genießen. Und nein, nicht jeder Seebär ist in einer gelben Öljacke zur Welt gekommen. Weil aber der Rum hier eine historische Rolle spielt, weil das Wasser einfach der Lebensnerv ist und Seeleute nun mal den Ton angeben, ist das jährliche Treffen der Kutter, Ewer, Topsegelschoner und Galeassen im Museumshafen ein echter Höhepunkt. Es geht natürlich auch ruhiger: Wer langsam die Förde hinaus schippert, zur Linken liegt schon Dänemark, wer das Rad nimmt und sich von der sanft gewellten Umgebung bezaubern lässt, oder wer sich einfach nur durch die Altstadt treiben lässt mit ihren stolzen Giebeln und den idyllisch verschwiegenen Gängen – der wird erfasst von einer beinahe südländischen Heiterkeit. Und das so hoch oben im Norden! Und Glücksburg heißt Glücksburg, weil für das hübsche Städtchen mit seinem imposanten Wasserschloss ein anderer Name einfach nicht gepasst hätte.

---

www.flensburger-foerde.de
www.ostsee.de/flensburg/

1 Museumsberg
2 Oluf-Samson-Gang
3 Phänomenta Flensburg
4 Schloss Glücksburg
5 Rosarium Glücksburg
Hotel 1 Alte Post Flensburg
Hotel 2 Hotel am Wasserschloss Glücksburg
Hotel 3 B & B Lavendel City

1 Museumsberg

Bei dem 1876 gegründeten Museumsberg handelt es sich um eines der größten Museen Schleswig-Holsteins. Dieses umfasst insgesamt eine Ausstellungsfläche von über 3000 qm, aufgeteilt auf zwei Häuser. Das Hans-Christiansen-Haus widmet sich schleswig-holsteinischer Kunst vom 19. Jh. bis in die Gegenwart. Zu sehen sind u.a. Hauptwerke des Jugendstilmalers Hans Christiansen sowie expressionistische Kunst von Erich Heckel, Emil Nolde und Ernst Barlach. Prunkstück des Gebäudes ist das Pariser Zimmer, eine neogotische Aula mit farbigen Lanzettfenstern und einer geschnitzten Holzbalkendecke. Im Heinrich-Sauermann-Haus – benannt nach dem Gründer des Museums – sind Objekte der Kunst- und Kulturgeschichte vom Mittelalter bis ins 19. Jh. ausgestellt. Einzigartig sind die originalen Bauernstuben sowie die historische Möbelsammlung, mit über 900 Stücken eine der umfangreichsten ihrer Art in Deutschland.

Museumsberg 1, Flensburg, Di–So 10–17, Mai–Sept. Do bis 20 Uhr, www.museumsberg-flensburg.de

2 Oluf-Samson-Gang

Ein Stück der wechselvollen Geschichte Flensburgs spiegelt sich in der schmalen Gasse in der nördlichen Altstadt wieder. Der Name geht zurück auf den Kaufmann Oluf Samson, der sich Ende des 16. Jh. in der Stadt ansiedelte, hier schnell zu Vermögen kam und mehrere kleine Mietshäuser entlang des Gässchens errichten ließ. Die meisten der Häuser, die heute den »Oluf« säumen, sind zwar nicht mehr ganz so alt, stammen dennoch größtenteils noch aus dem 18. Jh. Als Flensburg nach dem Ersten Weltkrieg eine wirtschaftliche Notlage erlitt, wurde aus dem »Wohngebiet kleiner Leute« ein berühmt-berüchtigtes Rotlichtviertel. Die vom Hafen abzweigende Gasse war erste Anlaufstelle vergnügungssuchender Seeleute. Ende der 80er-Jahre sagte man dann im Zuge städtebaulicher Maßnahmen der Prostitution den Kampf an und die Häuser wurden von Grund auf saniert und restauriert. Heute gilt der Oluf-Samson-Gang als eine der schönsten und malerischsten Altstadtgässchen Schleswig-Holsteins.

Oluf-Samson-Gang, Flensburg

3 Phänomenta

In dem interaktiven Science-Center lassen sich faszinierende Phänomene aus Physik und Technik entdecken und erforschen. An mehr als 200 Experimentierstationen darf ausprobiert werden, Anfassen ist ausdrücklich erwünscht. Im Mondgleiter z. B. kann man erleben, wie sich das Gehen auf dem Mond anfühlt. Optische Täuschungen und verwinkelte Spiegelungen verblüffen. In der Phänomenta werden komplexe naturwissenschaftliche Sachverhalte verständlich dargestellt und machen so Neugier auf mehr – nicht nur bei den kleinen Besuchern.

Norderstr. 157–163, Flensburg, Di–Fr 10–18, Sa/So 12–18, Juni–Sept. Mo 10–18 Uhr, www.phaenomenta-flensburg.de

Beste Reisezeit

Seit 1980 lockt alljährlich im Mai die Rumregatta Liebhaber historischer Nutzsegler in den Museumshafen Flensburg. Das größte Treffen dieser Art in Nordeuropa ist bereits zu einem Markenzeichen der Region geworden (www.rumregatta.de).

Berühmtes Kleinod im Wasser: das Renaissanceschloss Glücksburg.

4 Schloss Glücksburg

Direkt im Wasser steht der prächtige Bau mit den weißen Mauern und dem leuchtend-roten Ziegeldach. Kräuselt keine Welle die Oberfläche des Sees, erblickt man das Renaissanceschloss gleich zwei Mal, einmal illusionär, einmal in Echt – eine wahre Augenweide. Bevor im 16. Jh. Herzog Johann der Jüngere, ein Sohn des dänischen Königs Christian III., Glücksburg errichten ließ, stand hier ein mittelalterliches Zisterzienserkloster. Heute können die meisten der Räume besichtigt werden. Möbelstücke, Silber und Porzellan aus der Zeit zwischen Empire und Biedermeier vermitteln einen lebendigen Eindruck von der Wohnkultur vergangener Epochen. Zu den schönsten Räumen zählt der reich mit Ornamenten ausgestattete Rote Saal.

Glücksburg, Mai–Okt. tgl. 10–18, Nov–Apr. Sa/So 11–16 Uhr, www.schloss-gluecksburg.de

5 Rosarium Glücksburg

In unmittelbarer Nähe zum Schloss Glücksburg liegt ein Kleinod von Garten: Im Rosarium sorgen mehr als 500 verschiedene Rosensorten zwischen grünen Hecken für eine sagenhafte Blütenpracht.

Am Schloßpark 2b, Glücksburg, Apr.–Okt. Mo–Sa 10–18, Mai–Sept. So 10–18 Uhr, www.seaside-garden.de

Schietwetter-Tipp

Draußen ist es kalt und regnerisch, drinnen entspannt man in der Sauna oder im 32 °C warmen Becken. In der Fördeland-Therme in Glücksburg (Sandwigstr. 1a, Glücksburg, www.foerdelandtherme.de) macht auch schlechtes Wetter Spaß.

Hotels

Alte Post Flensburg
Das Nordic Life & Style Hotel »Alte Post« setzt in seiner Einrichtung auf klare Linien und skandinavische Eleganz. In den 75 Zimmern verbindet sich Design mit Gemütlichkeit und trägt somit zu einem entspannten Aufenthalt bei. Ein Übriges tut die zentrale Lage und Nähe zum Hafen.
Rathausstr. 2, Flensburg,
Tel. 0+49 461/807 08 10, DZ ab 115 €,
www.ap-hotel-flensburg.de

Hotel am Wasserschloss Glücksburg
Nur zwei, drei Minuten Fußweg vom Glücksburger Wasserschloss entfernt und mit Exklusiv-Blick auf das Schloss liegt das kleine Hotel, das von der Familie Perplies geführt wird. Gepflegte, im mediterranen Stil eingerichtete Zimmer und ein freundliches Personal sorgen für eine Wohlfühlatmosphäre.
Schloßallee 32, Glücksburg,
Tel. +49 4631/44 38 81, DZ ab 69 €,
www.hotel-am-wasserschloss.de

B & B Lavendel City
Ein kleines, gemütliches Bed & Breakfast mit individuell eingerichteten Zimmern und in ruhiger Lage. Es befindet sich zentrumsnah, zwischen Fußgängerzone und Museumsviertel. In der kleinen Gemeinschaftsküche kann man sich selbst das Frühstück zubereiten.
Große Str. 65a, Flensburg,
Tel. +49 461/93 59 53, DZ ab 66 €,
www.gästehaus-lavendel.de

09 Schleswig-Holsteinische Ostseeküste

Schleswig-Holstein

»Dasein« ist ein Verb. Es bezeichnet eine Tätigkeit, und wer begabt ist, der versteht es, damit ganze Tage zu füllen: Am Wasser sitzen, die Angel auswerfen, den Wolken hinterherschauen, den Blick über ein Meer von gelbem Raps wandern lassen. Vielleicht einen Schlag segeln gehen. Oder ein Stückchen am Ufer entlang auf dem Fahrrad. Aber immer schön langsam! Die Schlei ist ein Paradies für diese Art von Lebenskünstlern: Von Maasholm und Kappeln bis Schleswig zieht sich der Ostseearm gut 40 Kilometer weit ins Land. Rechts und links viel Natur, weites, grünes Land, sanft gewellt, alte Obstgärten, Naturschutzgebiet. Die Wikinger waren auch schon hier. Das richtige Meer ist gleich um die Ecke, die Ostsee mit ihren weiten Stränden, Dünen und Salzgraswiesen. Es gibt gepflegtes, beinahe mondänes Strandleben in Damp, große Kultur in Schloss Gottorf. Genießer bummeln über Wochenmärkte, stöbern in Hofläden und entdecken die feinheimische Küche mit Produkten aus der Region, fangfrisch, erntefrisch und voller Aroma. Oder gönnen sich das womöglich leckerste Fischbrötchen der Welt, sitzen dabei in einem Strandkorb und studieren die Krümmung des Horizonts. Wer Spaß daran hat, sammelt Ortsnamen: Riesby, Gammelby, Wackerballig, Süderbrarup. Mehr Aufregung ist nicht nötig, um das Dasein zu genießen.

www.ferienlandostsee.de

Die Windmühle »Charlotte« ist das Wahrzeichen der Geltinger Birk.

1 Kappeln an der Schlei

Idyllisch an der Schlei, einem 40 km langen Meeresarm der Ostsee, liegt die kleine Stadt Kappeln. Der Name leitet sich ab von »Kapelle« und geht zurück auf eine romanische Seemannskapelle, an deren Stelle sich heute die denkmalgeschützte Kirche St. Nikolai erhebt. Sehenswert ist hier der geschnitzte Barockaltar von Hans Gudewerdt dem Jüngeren aus dem Jahr 1641. Überragt wird die Ortschaft von der 30 m hohen »Amanda«. Die strahlend-weiße Holländer-Windmühle ist das Wahrzeichen Kappelns. Man erhält hier Einblick in das Handwerk von anno dazumal: Das noch heute funktionierende, ca. 100 Jahre alte Sägewerk der Mühle kann besichtigt werden. Von der Mühle führt ein kurzer Fußweg durch die Innenstadt zum schönen Museumshafen. Die ältesten Schiffe sind über 100 Jahre alt. Spaß macht es, zwischen den Segeln und Masten auf den Stegen entlangzuschlendern und das Flair des historischen Hafens zu erleben. Viele Schiffseigner freuen sich über Interesse und Fragen zu den von ihnen liebevoll gepflegten Gaffelseglern, Yachten und Slups. In Kappeln quert eine Klappbrücke die durchschnittlich nicht mehr als 4 m tiefe Schlei. Die Brücke, die mehrmals täglich für den Schiffsverkehr geöffnet wird, löste 2002 eine ältere Drehbrücke ab, sie verbindet Ost- und Westufer, die Landschaften Schwansen und Angeln miteinander. Zu den Heringstagen (www.heringstage-kappeln.de), wenn sich die Fische auf dem Weg zu ihren Laichplätzen in der Schlei tummeln, füllt sich das beschauliche Städtchen. Es werden Wetten abgeschlossen, wie viele der silbernen Fische in den Netzen des über 500 Jahre alten, denkmalgeschützten Heringszauns gefangen werden. Ein paar Kilometer weiter westlich von Kappeln liegt Arnis, mit 300 Einwohnern die kleinste Stadt Deutschlands. Wer die schöne Landschaft entlang der Schlei erkunden möchte, kann dies per Rad oder zu Fuß tun. Gemütlich fährt man von Kappeln aus nach Süderbrarup mit einem Museumszug, der nostalgischen Angelner Dampfeisenbahn (www.angelner-dampfeisenbahn.de) oder unternimmt Schiffsfahrten die Schlei entlang mit der Wikinger Princess (www.schleiraddampfer.de).

Tourist Info: Schleswiger Str. 1, Kappeln, Tel. +49 46 42/40 27, www.ostseefjordschlei.de

2 Langballigau

Kilometerweit eine flache Landschaft wie die Flunder aus der Ostsee? Das ist nicht überall so in Schleswig-Holstein: Im Tal der Langballigau bahnte sich, während der letzten großen Eiszeit, das Schmelzwasser einen Weg zur Ostsee und schuf dabei einen natürlichen Einschnitt. In dem heutigen Naturschutzgebiet hat eine Vielzahl seltener Tier- und Vogelarten wie der Eisvogel oder die Bauchige Windelschnecke einen geschützten Lebensraum gefunden. In dem wasserreichen Gebiet mit einer recht üppigen Vegetation wachsen Pflanzen wie der gefährdete Riesenschachtelhalm oder die prächtige Schwertlilie. Am Ende des Tals an der Mündung des Baches Langballigau liegen ein kleiner Hafen und ein schöner Sandstrand.

Tourist Info: Süderende 1, Langballig, Tel. +49 46 36/88 80, www.flensburger-foerde.de

Gewusst, wie

Bei der Initiative »Fisch vom Kutter« kann man fangfrischen Fisch direkt vom Boot kaufen, sobald die Fischer wieder in den Hafen eingelaufen sind. So z. B. auch von Harald Lehuniak am Hafen in Langballigau, der mit seinem Kutter Odin in die Ostsee sticht (Tel. 0152/22 60 78 73, www.fischvomkutter.de)

3 Geltinger Birk

Am Eingang zur Geltinger Birk grüßt schon von Weitem »Charlotte«, eine reetgedeckte Holländermühle, die zugleich auch das Symbol des Naturschutzgebietes ist. Ursprünglich wurde sie 1826 gebaut, um das Gebiet zu entwässern und um Korn zu mahlen. In der Geltinger Birk, einem geschützten Küstensaum an der nördlichen Spitze der Halbinsel Angeln, haben Salzwiesen, Sümpfe und das Geltinger Noor eine Vielzahl von unterschiedlichen Lebensräumen entstehen lassen. Bis zu 200 Vogelarten siedeln hier. Zottelige Galloway-Rinder und Wildpferde grasen ohne Zäune auf den Heideflächen und Wiesen und tragen so zu deren Erhalt bei. Das Gebiet ist durch ein weitreichendes Wegenetz gut erschlossen, die reizvolle und abwechslungsreiche Landschaft aus lichten Wälder, Wie-

1 Kappeln an der Schlei
2 Langballigau
3 Geltinger Birk
4 Schwedeneck
5 Schleswig

1 Pierspeicher Gästehaus
2 Strandhotel
3 Zollhaus

sen und Dünen kann bequem erwandert werden, Hunde sollten allerdings wegen der freilaufenden Tiere an der Leine mitgeführt werden. In der früheren Falshöfter Lotsenstation ist die Integrierte Station Geltinger Birk untergebracht, an der man sich Informationen einholen kann.

Tourist Info: Nordstr. 1a, Gelting,
Tel. +49 46 43/777, www.geltinger-birk.de

4 Schwedeneck

Schwedeneck ist die Bezeichnung für den Gebietsteil zwischen der Eckernförder Bucht und der Kieler Förde mit den Ortschaften Surendorf, Dänisch Nienhof, Jellenbek, Krusendorf und Stohl. Bekannt und beliebt ist das Schwedeneck bei Badeenthusiasten und Naturfreunden wegen der kilometerlangen feinkörnigen Sand- und Kiesstrände und der vielseitigen Landschaft. An der Küste ragt bis zu 30 m ein Steilufer auf, bewaldet mit lichten Buchenwäldern; prächtige Gutshöfe und Hügelgräber tragen zum landschaftlichen Reiz der Gegend bei. An vielen Stellen führen die Kur- und Naturstrände lange Zeit flach ins Wasser und sind daher besonders für Kinder geeignet. Vom Schwedeneck lässt sich schnell das belebtere Strande oder Kiel-Schilksee erreichen, auch ein beliebter Badeort mit einem Yachthafen. Auch nach Eckernförde, einer über 700 Jahre alten Stadt, ist es nicht weit

Tourist Info: Zum Kurstrand, Surendorf,
Tel. +49 43 08/33, www.schwedeneck.de

5 Schleswig

Folgt man der Schlei ins Landesinnere, so gelangt man vorbei an sanft-geschwungenen Hügeln, grünen Wiesen und idyllischen Dörfern nach Schleswig, der einstigen bischöflichen und herzoglichen Residenzstadt. Bereits zu Anfang des 9. Jh. befand sich im heutigen Stadt-

Beste Reisezeit

Die Folk Baltica, ein einwöchiges Musikfestival mit Folk-Musikern aus aller Welt, wird immer im Mai veranstaltet. Spielorte der Konzerte finden sich entlang der Ostseeküste, sowohl auf dänischer als auch deutscher Seite, u. a. in Schleswig oder Kappeln an der Schlei (www.folkbaltica.de).

Im begehbaren, über 3 m hohen Gottorfer Globus, eine Nachbildung aus dem 17. Jh., taucht man ein in die damalige Weltsicht.

gebiet eine Wikingersiedlung. Diese war bis zur ihrer Zerstörung und Plünderung 1066 eins der wichtigsten Handelszentren Nordeuropas. Heute erinnert daran das Wikingermuseum Haithabu. Archäologische Funde, Schmuck und Waffen lassen die Welt der Wikinger und der mittelalterlichen Handelsmetropole an der Schlei wieder aufleben. Highlight ist der Nachbau eines königlichen Langschiffes. Beim Museum befindet sich ein rekonstruiertes Wikingerdorf mit mehreren Häusern. Bis Anfang 2018 werden die Ausstellungshäuser saniert und bleiben geschlossen. Die Wikingerhäuser können jedoch weiterhin besucht werden und bieten ein erweitertes Programm mit vielen Mitmach-Workshops an. Auch nach dem Ende Haithabus verlor das Gebiet nicht an Bedeutung. Im 16. Jh. entwickelte sich Schloss Gottorf vor den Toren der Stadt zu einer prunkvollen Residenz. Heute beherbergt das Schloss das Landesmuseum für Kunst und Kulturgeschichte mit Exponaten vom Mittelalter bis zur Gegenwart sowie das Archäologische Museum. Über 3 Millionen Ausstellungsstücke aus über 120 000 Jahren vermitteln in diesem die menschliche Entwicklung und Geschichte von der Steinzeit bis ins hohe Mittelalter. Bekannt ist das Museum besonders für seine gut erhaltene Sammlung von Moorleichen und das Nydam-Schiff, ein im Moor geopfertes Schiff, gebaut um etwa 320 n. Chr. Einer der Prachträume des Schlosses ist die Kapelle, reich verziert mit Gemälden und Intarsien. Nördlich vom Schloss befindet sich im Barockgarten das Globushaus. Der Nachbau des Gottorfers Globus aus dem 17 Jh. ist begehbar und hat einen Durchmesser von über 3 m. Außen zeigt die Weltkugel die damals bekannten Länder, innen sind die Sternbilder abgebildet. In Schleswig selber ist die hübsche Altstadt mit dem Dom St. Petri sehenswert. Dessen Bordesholmer Altar (1514–21) ist ein Zeugnis meisterlicher Schnitzkunst.

Tourist Info: Plessenstr. 7, Schleswig, Tel. +49 46 21/85 00 50, www.ostseefjordschlei.de; Wikingerhäuser Haithabu: Am Haddebyer Noor 5, Busdorf, Apr.–Okt. tgl. 9–17 Uhr, Tel. +49 46 21/81 32 22, www.schloss-gottorf.de; Schloss Gottorf: Schlossinsel 1, Schleswig, Apr.–Okt. Mo–Fr 10–17, Sa/So 10–18, Nov.–März Di–Fr 10–16, Sa/So 10–17 Uhr, Globushaus: Führungen n. Anm., Tel. +49 46 21/81 33 33

Hotels

Pierspeicher Gästehaus

Für das gemütliche Gästehaus in Kappeln wurde ein denkmalgeschützter, ehemaliger Getreidespeicher hergerichtet und mit 14 modernen und geräumigen Zimmern ausgestattet. Man blickt direkt auf den Hafen und die Schlei.

Am Hafen 19c, Kappeln, Tel. +49 46 42/92 47 80, DZ ab 105 €, www.pierspeicher.de

Strandhotel

Eine schöne Zeit an der Ostsee mit Strand fast vor der Haustür und Meeresrauschen kann man in diesem netten Hotel verbringen. Die Zimmer mit Blick auf die See sind natürlich schöner als die mit Landblick, aber etwas teurer. Abends speist man im Restaurant Riva mit Vinothek.

Strandstr. 21, Strande, Tel. +49 43 49/917 90, DZ ab 115 €, www.strandhotel.de

Zollhaus

Direkt am Park des Schlosses Gottorf befindet sich das historische Zollhaus, ein Gebäude aus dem 18. Jh. Von den hellen, gemütlich eingerichteten Zimmern blickt man ins Grüne oder auf die Schlei. In zehn Gehminuten erreicht man das Schloss oder die Schleipromenade, auch die Verbindung zur Altstadt Schleswigs ist gut.

Lollfuß 110, Schleswig, Tel. +49 46 21/29 03 40, DZ ab 102 €, www.zollhaus-zu-gottorf.de

Weiß auf Blau: Die Kieler Woche ist nicht nur eine spannende Regatta, die Segler sind auch ein hübscher Anblick.

10 **Kiel**

Schleswig-Holstein

Doch, es kann passieren, dass die Handballer vom THW Kiel mal nicht deutscher Meister werden. Es kommt vor – ist aber ungefähr so selten wie bei den Fußballern vom FC Bayern München. Wenn die Rekordmeister aus dem Norden vor dem gegnerischen Tor auftauchen, bleibt dem Keeper nur noch ein Stoßgebet. Hilft aber meistens auch nichts: Im Handball setzt Kiel einfach den Maßstab. Ebenso natürlich bei den Seglern. Die Gorch Fock ist hier zu Hause, das legendäre Segelschulschiff der Deutschen Marine. Und wenn sich zur Kieler Woche jedes Jahr Ende Juni historische Windjammer, wackere Optimisten und noble Yachten auf der Kieler Förde tummeln, ist das genauso ein Fest wie Familientreffen, Rummelplatz und Champions League in einem. Weil Wasser hier einfach das bestimmende Element ist. Mit allem, was dazugehört – vom Stelldichein mit Seehunden, Seepferdchen und Clowns-Anemonenfischen im Aquarium des Zentrums für Ozeanforschung bis zum entspannten Ship-Spotting auf der Hafenpromenade, der »Kiellinie«. Vom Strandleben inklusive Strandkorb irgendwo an der lang gezogenen Förde über einen Besuch auf dem U-Boot 995 beim Marine-Ehrenmal in Laboe weiter nördlich bis zum fangfrischen Ostseedorsch direkt ab Kutter. Und weil die Kieler nun mal nicht von vorgestern sind, informiert der Fischer seine Kunden vorab über das Internet.

www.kiel-sailing-city.de

1 Hafenpromenaden
2 Schifffahrtsmuseum
3 Kunsthalle zu Kiel
4 Fördefahrt nach Laboe
5 Freilichtmuseum Molfsee
Hotel 1 Atlantic Hotel Kiel
Hotel 2 Comfort Hotel tom Kyle
Hotel 3 Romantik Hotel Kieler Kaufmann

1 Kiels Hafenpromenaden

An der westlichen Seite der Kieler Förde liegt der Ostseekai. Wer hier entlang schlendert, bekommt ein Gespür dafür, wie das Herz der »Sailing City« schlägt. Im Wasser tummelt sich ein bunter Mix aus Booten, Fähren, Luxuslinern und Seglern. Am Ostseekai befindet sich auch das vollverglaste »Cruise Terminal«. Kiels moderne Anlegestelle für Kreuzfahrtschiffe, an dessen zwei Liegeplätzen Ozeanriesen mit einer Länge von bis zu 300 m ankern können. »Pötte kieken« nennen es die Kieler, wenn diese Giganten ein- oder auslaufen. Hinter dem Ostseekai beginnt die zweite Promenade der Landeshauptstadt: die Kiellinie. Von der beliebten Flaniermeile blickt man auf die gegenüberliegenden Werftanlagen mit den imposanten Portalkränen, eins der Wahrzeichen Kiels.

Ostseekai und Kiellinie, Kiel,
www.kiel-sailing-city.de

2 Schifffahrtsmuseum

2014 öffnete das Schifffahrtsmuseum nach einer dreijährigen Sanierungsphase wieder seine Tore und zeigt die denkmalgeschützte Fischhalle von 1909/10 in neuem Glanz. Mehr erfährt man hier über die maritime Vergangenheit Kiels: Nachgezeichnet wird die Bedeutung von Seefahrt und Handel, wie Segler, Marinesoldaten, Schiffbauer und Werftmitarbeiter Kiel zu einer modernen Fördestadt gemacht haben. Auf der Museumsbrücke Seegarten vor dem Gebäude kann man Geschichte dann gleich noch »haptisch« erleben. Drei historische Schiffe, der Tonnenleger »Bussard«, das Seenotrettungsboot »Hindenburg« und das Feuerlöschboot »Kiel« können betreten werden.

Wall 65, Kiel, Mitte Apr.–Mitte Okt.
tgl. 10–18 Uhr, übrige Zeit Di–So 10–17 Uhr,
www.kiel.de/kultur/museum

Schietwetter-Tipp

Die faszinierende Weite des Alls erleben, unglaubliche Fantasiewelten bereisen oder mit außerirdischen Achterbahnen fahren – all dies wird möglich, dank neuartiger Projektionstechnik im Mediendom (Sokratespl. 6, Kiel, www.mediendom.de).

3 Kunsthalle zu Kiel

Die Kunsthalle ist mit 2000 qm das größte Museum der Stadt. Ausgestellt werden Gemälde, Skulpturen sowie Fotografien und Videoarbeiten aus der umfangreichen Sammlung. Schwerpunkte bilden der Impressionismus und Expressionismus sowie die Neue Sachlichkeit. Weiterhin sind Werke russischer »Wandermaler« des 19. Jh., romantische Malerei ebenso wie internationale Kunst seit 1945 vertreten.

Düsternbrooker Weg 1, Kiel, Di–So 10–18,
Mi bis 20 Uhr, www.kunsthalle-kiel.de

4 Fördefahrt nach Laboe

Große Schiffe und kleine Segler, die vorbeiziehen, im Kielwasser das Panorama der Stadt: Eine Fahrt durch die Kieler Förde ist reizvoll. Eine schöne Schiffstour startet im Kieler Hafen, Ziel ist in Laboe das 87 m hohe Marine-Ehrenmal, ein Denkmal für alle auf See Gestorbenen und Verschollenen. In der Tour ist eine Besichtigung des Turmes und dessen Ausstellungsräume enthalten – der Rundumblick

Das imposante Torhaus im Hintergrund und davor die historische Kerzenzieherei: Im Freilichtmuseum Molfsee kann man in die dörfliche Lebensweise von früher eintauchen.

ist fantastisch – sowie unten am Strand ein Rundgang durch das U-Boot U995 aus dem Jahr 1943, welches auch tatsächlich im Zweiten Weltkrieg eingesetzt wurde.

Bahnhofsbrücke, Kiel, Mai–Okt. tgl. 11, 13 Uhr, www.kiel-sailing-city.de (Stichwortsuche: Fördefahrt)

Beste Reisezeit

Unter dem Motto »Keine Woche ist wie diese« findet jedes Jahr in der letzten Juniwoche eins der größten Seglertreffen der Welt statt. Während der Kieler Woche besuchen über 3 Millionen die rund 2000 Veranstaltungen zur großen Segelregatta (www.kieler-woche.de).

5 Freilichtmuseum Molfsee

Nur 6 km südlich von Kiel lockt die beschauliche Zeit von früher: ein Streichelzoo mit alten Tierrassen, wie sie damals auf den Höfen gehalten wurden, dazu viel Wissenswertes über die vergangene ländlich-dörfliche Lebensweise. In dem Gelände sind auf insgesamt 40 ha über 60 historische Gebäude und Hofanlagen aufgebaut, darunter eine Schmiede, eine Kerzenzieherei, mehrere Mühlen sowie eine Meierei, allesamt ausgestattet mit altem Mobiliar, Arbeitsgeräten und Hausrat. Ein Besuch in der Welt von damals ist für Erwachsene und Kinder gleichermaßen interessant.

Hamburger Landstr. 97, Molfsee, Apr.–Okt. tgl. 9–18 Uhr, Nov.–März So 11–16 Uhr, www.freilichtmuseum-sh.de

Hotels

Atlantic Hotel Kiel
Die zentrale Lage in der Innenstadt mit Nähe zum Hafen und Hauptbahnhof machen das Hotel bei Geschäftsreisenden und Kielbesuchern beliebt. Ein großer Sauna- und Fitnessbereich befindet sich in der siebten Etage. Genussreich speisen lässt sich im hauseigenen Restaurant »Pier 16«.
Raiffeisenstr. 2, Kiel, Tel. +49 431/37 49 90, DZ ab 169 €,www.atlantic-hotels.de/kiel,

Comfort Hotel tom Kyle
Im Wohlfühlhotel tom Kyle legt man besonderen Wert auf den Komfort der Gäste. Daher sind die Zimmer sowohl modern als auch gemütlich eingerichtet. Zur Stärkung für den Tagesausflug in die Stadt dient das reichhaltige und ausgewogene Frühstücksbuffet.
Langer Segen 5a, Kiel, Tel. +49 431/57 97 50, DZ ab 100 €, www.hotel-tomkyle.de,

Romantik Hotel Kieler Kaufmann
Nobel präsentiert sich die ehemalige Bankiersvilla von 1911 mit klassisch-elegantem Interieur. Noch dazu sorgt der romantische Park um das Hotel für einen idyllischen Aufenthalt. Besonders schön ist im Sommer die Gartenterrasse. Mit Blick auf die Förde schmeckt hier das Essen gleich zweimal so gut.
Niemannsweg 102, Kiel, Tel. +49 431/881 10, DZ ab 132 €, www.kieler-kaufmann.de,

Mit dem Kanu die Seenlandschaft
der Holsteinischen Schweiz entlang.

11 Naturpark Holsteinische Schweiz

Schleswig-Holstein

Mag sein, dass die echten Schweizer höhere Berge haben. Aber haben sie auch ein so harmonisch gewelltes Hügelland? Haben sie feinen Sandstrand und Blick aufs Meer? Ganz zu schweigen von den mehr als 200 Seen, die wie Edelsteine im Grün der Laubwälder und Wiesen funkeln, oder von den reetgedeckten Katen und herrschaftlichen Anwesen, von Inselstädtchen und Schlössern und Klöstern in schönster norddeutscher Backsteinarchitektur… Ein Hotelier bei Malente soll den Namen »Holsteinische Schweiz« einst für sein Ausflugslokal geprägt haben – eine augenzwinkernde Übertreibung für die Sommerfrischler aus der Stadt. Doch längst gilt die Bezeichnung für die ganze Region zwischen Lübeck und Kiel. Und längst sprechen daraus Respekt und Bewunderung für einen Landstrich, in dem Musik zu Hause ist, in dem die Natur ihrem eigenen Rhythmus folgen darf und es schon genügt, in einem Boot auf ein stilles Wasser hinaus zu gleiten und zwei-, dreimal tief durchzuatmen, um in einer anderen, ruhigeren Zeitrechnung anzukommen. Schön, der Bungsberg ist kein Matterhorn. Aber seine Höhe von 167 m ist auch nicht zu verachten.

www.holsteinischeschweiz.de

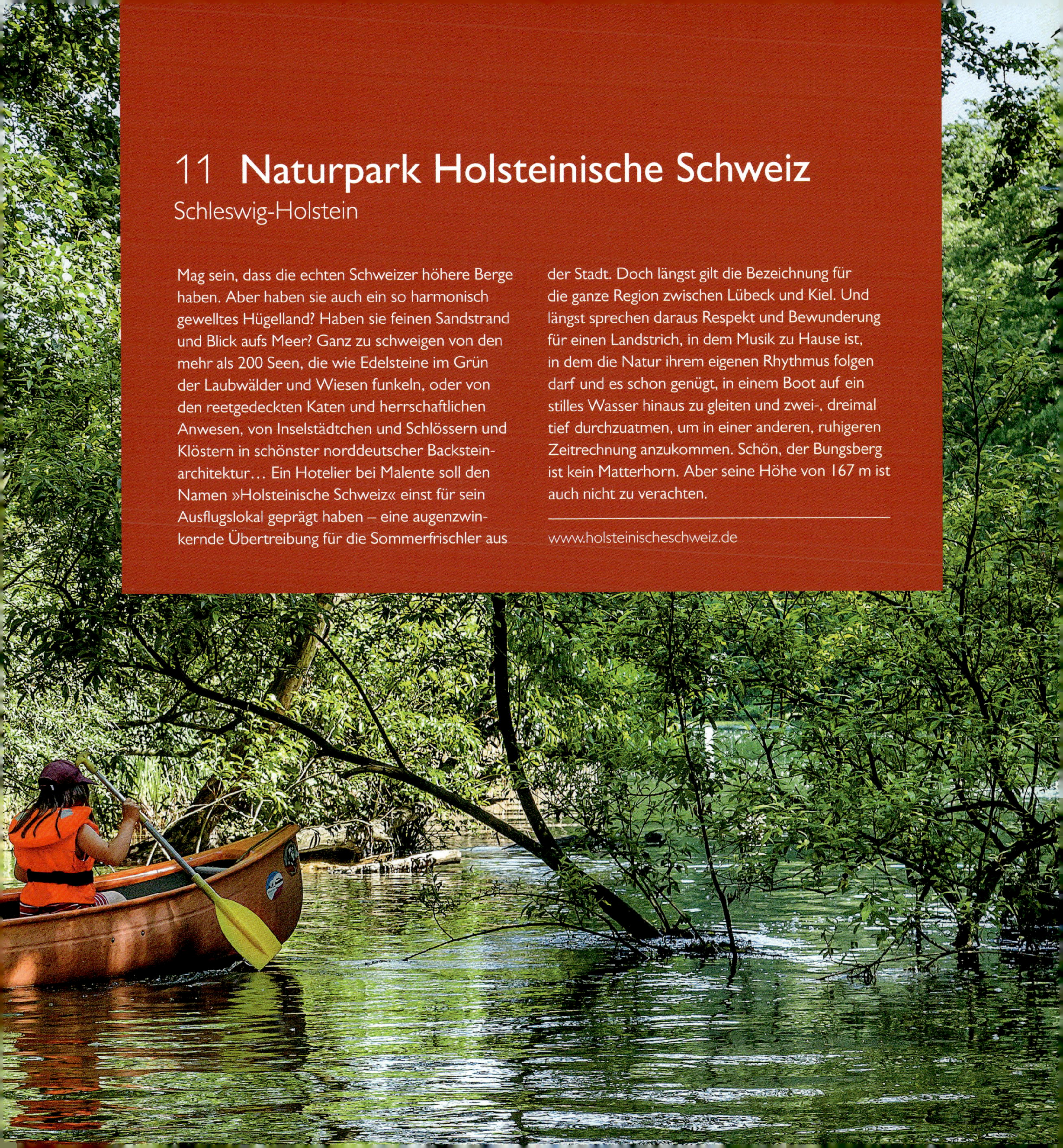

1. Plön
2. Fünf-Seen-Fahrt
3. Bad Malente-Gremsmühlen
4. Radtour zum Bungsberg

- Hotel 1: Das kleine Hotel
- Hotel 2: Hof Neversfelde
- Hotel 3: Parkhotel Seeufer

1 Plön

Lange bevor die Dächer der Stadt Plön auftauchen, sieht man die leuchtend-weißen Mauern und die Zwiebeltürmchen des Plöner Schlosses. Das im Stil der Spätrenaissance gehaltene Gebäude thront sichtbar über der Stadt am Ufer des Großen Plöner See. Die rekonstruierten herzoglichen Prunkräume mit Stuckdecken und Barockmöbeln, der Rittersaal und die Schlosskapelle können im Rahmen von Führungen besichtigt werden. Zum Schloss gehört eine ausgedehnte Parklandschaft, die zu den schönsten in der Holsteinischen Schweiz zählt. Westlich des Schlosses befindet sich das Prinzenhaus. In dem Rokoko-Schlösschen residierten einst die Söhne Kaiser Wilhelms II. während ihrer Kadettenzeit. Diesen ist auch die Prinzeninsel weiter südlich gewidmet: eine waldreiche Halbinsel mit dem beliebten Prinzenbad, einem etwa 100 m langen Sandstrand, so genannt, weil dort den hohenzollerischen Sprösslingen das Schwimmen beigebracht wurde. In der Stadt lohnt sich ein Bummel durch die »Twieten«, kleine Gassen gesäumt mit Fachwerk- und Backsteinhäusern, die dazu dienten, Trink-, aber auch Löschwasser vom See zu holen. Durch die damals enge und hohe Bauweise konnten leicht Brände entstehen. Die Ursprünge Plöns gehen auf eine slawische Besiedelung Anfang des 8. Jh. zurück. Nach Vertreibung der Slawen entstand im 13. Jh. eine befestigte Siedlung mit Marktrecht. Im 18. und 19. Jh. befand sich die Stadt unter dänischer Verwaltung. Mehr über die Geschichte von Stadt und Region erfährt man im »Museum des Kreises Plön«, untergebracht in der »Alten Apotheke«.

Tourist Info: Bahnhofstr. 5, Plön, Tel. +49 452 25 09 50, www.holsteinischeschweiz.de

Beste Reisezeit

Wegen der vielen prächtigen Rosen an den Fassaden wird Eutin auch die Rosenstadt genannt. Zur Rosenblüte ist der Schlosspark in Eutin Schauplatz eines kulturellen Großereignisses, der Eutiner Festspiele (Juli–Aug., www.eutiner-festspiele.de).

2 Fünf-Seen-Fahrt

Die Schwentine, der längste Fluss Schleswig-Holsteins, verbindet auf seinem Weg zur Ostsee zahlreiche Seen der Holsteinischen Schweiz miteinander. Bei einer gemütlichen Bootsfahrt über die fünf Seen – Dieksee, Langensee, Behlersee, Höftsee und Edebergsee – oder über den Kellersee kann man die Landschaft, verträumte Buchten und kleine Inseln vom Schiff aus entdecken. Schiffe starten von Malente oder Plön. In lauen Sommernächten werden als Extra romantische Abendfahrten angeboten.

Bahnhofstr. 5, Bad Malente, www.5-seen-fahrt.de

Schloss Eutin, ehemalige Residenz und später Sommersitz der Oldenburger Fürstbischöfe und Großherzoge, beherbergt heute ein Museum in den herrschaftlichen Räumen.

3 Bad Malente-Gremsmühlen

In Bad Malente, dem nördlichsten Kneippbad, trägt nicht nur die schöne Landschaft zum Wohlbefinden bei, auf einer Führung kann man sich wortwörtlich auf die Spuren des berühmten »Wasserdoktors« begeben und unter fachkundiger Anleitung das richtige Wassertreten in den Anlagen selbst ausprobieren. Noch weiter in die Vergangenheit zurückreichende Spuren finden sich in der über 300 Jahre alten Tews Kate, heute ein Heimatmuseum.

Tourist Info: Bahnhofstr. 3, Bad Malente, Tel. +49 45 23/959 01 20, www.malente-tourismus.de; Tews Kate: Sebastian-Kneipp-Str., Malente, Ostern bis Okt. Di–So 14–17 Uhr

Schietwetter-Tipp

»Die Mädels vom Immenhof« – das war der Heimatfilm der 50er mit niedlichen Ponys, Happy End und der heilen Welt auf einem Landgestüt in der Holsteinischen Schweiz. Als Urlaubsvorbereitung oder fürs Regenwetter gibt es Nostalgie pur.

4 Radtour zum Bungsberg

Die Tour beginnt in Eutin, dem Weimar des Nordens, hier sollte man einen Besuch des Schlosses sowie einen Bummel durch die pittoreske Altstadt einplanen. Von Eutin geht es weiter durch die Holsteinische Schweiz, über sanfte Hügel bis zum Bungsberg. Mit 168 die höchste Erhebung der Region und die beste Aussicht.

www.holsteinischeschweiz.de/tagestouren

Hotels

Das kleine Hotel
Durch ihre berufliche Tätigkeit war Antje Maichl, die Chefin der Unterkunft, schon in vielen Hotels zu Gast. Aus ihrem Wunsch ein besonderes, nicht ein Einheitshotel zu führen, entstand das kleine Hotel: individuell eingerichtete Zimmer in dem gemütlichen Haus und eine persönliche Betreuung tragen zum Wohlfühlen bei.
Albert-Mahlstedt-Str. 6, Eutin, Tel. +49 45 21/858 04 41, DZ ab 100 €, www.daskleinehotel-eutin.de

Hof Neversfelde
Bauernhofromantik und ländliche Idylle findet man auf Hof Neversfelde. Das ehemalige Stallgebäude wurde komfortabel zu mehreren Ferienwohnungen umgebaut. Kinder dürften von den vielen Tieren begeistert sein. Wer möchte, hilft auf dem Bauern- und Reiterhof mit.
Grebiner Weg 6a, Bad Malente, Tel. +49 45 23/98 46 18, DZ ab 59 €, www.hofneversfelde.de,

Parkhotel Seeufer
In einer schönen alten Jugendstilvilla ist das Hotel Seeufer untergebracht. Es befindet sich direkt am Kleinen Plöner See in der Nähe des Schlosses und ist dementsprechend ruhig und idyllisch gelegen. Die Zimmer sind komfortabel und geräumig. Zum Hotel gehört auch ein eigener Badesteg mit Liegewiese.
Prinzenstr. 9, Plön, Tel. +49 45 22/20 15, DZ ab 86 €, www.hotel-seeufer.de

Lübecker Backsteingotik: Das Rathaus wurde über die Jahrhunderte immer wieder verändert und neue Gebäudeteile wurden angebaut.

12 **Lübeck**

Schleswig-Holstein

Das Harmonium, das Puppentheater, die Draperien im Speisezimmer: Das alles erinnert an eine Familie, die es nie gegeben hat – und die doch so wahr ist, wie es fiktive Charaktere und ihre Zeit nur sein können. Verwirrend? Ganz einfach! Das Haus Nummer vier in der Mengstraße ist der Schauplatz der »Buddenbrooks«, jenes Romans also, in dem der noch ganz junge Thomas Mann 1901 aus den Menschen seiner eigenen Familie und seiner Heimatstadt ein Bild der Gesellschaft geschaffen hat, so offen und so detailgetreu, dass manche hier ihm bis heute nicht verziehen haben. Die Geschichte der lübeckschen Kaufmanns-Dynastie wurde ein Jahrhundertroman, der Autor später mit dem Nobelpreis geehrt. Und Lübeck das Symbol einer profunden Einsicht in das Leben und den ewigen Kreislauf von Aufstieg, Blüte und Verfall. Auch heute sind die Buddenbrooks allgegenwärtig, und wer durch die Gassen der Innenstadt schlendert, die auf einer Insel liegt, vorbei an den Giebeln stolzer Kaufmannshäuser, der könnte meinen, ihren Protagonisten zu begegnen, dem alten Senator, dem zarten Hanno. Oder ist es doch immer wieder nur der junge Thomas Mann?

www.luebeck-tourismus.de

1 Buddenbrookhaus
2 Europäisches Hansemuseum
3 Holstentor
4 Fischerdorf Gothmund

Hotel 1 H4 Hotel Lübeck City Center
Hotel 2 Hotel KO 15
Hotel 3 Radisson Blu Senator Hotel

1 Buddenbrookhaus

Das Haus in der Mengstr. 4 mit Blick auf die Marienkirche war das Haus der Großeltern Thomas Manns, und noch weit wichtiger: Es diente dem berühmten Sohn der Stadt als Kulisse für seinen Roman »Buddenbrooks«. Erzählt wird über vier Generationen die Geschichte einer großbürgerlichen Kaufmannsfamilie vor dem Hintergrund einer sich verändernden Gesellschaft. In Teilen orientierte sich Mann darin auch am Werdegang seiner eigenen Familie. Im Zweiten Weltkrieg wurde das Gebäude fast vollständig zerstört, man rekonstruierte es nach dem Krieg, und 2000 wurde es anlässlich der Expo zu einem Literaturhaus umgestaltet. Heute beherbergt das Buddenbrookhaus zwei Dauerausstellungen: eine über die Schriftstellerfamilie Mann, die zweite widmet sich dem »Jahrhundertroman Buddenbrooks«.

Mengstr. 4, Lübeck, Apr.–Dez. tgl. 10–18, Jan. Di–So 11–17 Uhr, Feb./März auch Mo, www.buddenbrookhaus.de

2 Europäisches Hansemuseum

Das weltweit größte Hansemuseum zeichnet die Entwicklung des Städtebundes zur bedeutenden und reichen Handelsmacht nach – von der Entstehung des Bundes über die Wagnisse auf den Handelswegen bis hin zu mittelalterlichen Glaubens- und Wertvorstellungen, in denen die Hanse gründete. Die passende Kulisse für diese spannende Geschichte bietet die Architektur des Museums: Es umfasst ein ehemaliges Dominikanerkonvent, das Burgkloster mit Gericht, Gefängnis und Beichthaus. Im Untergeschoss des Museums kann eine archäologische Grabungsstätte besichtigt werden, die beim Bau entdeckt wurde.

An der Untertrave 1, Lübeck, Apr.–Okt. tgl. 10–18, Nov.–März 10–17 Uhr, www.hansemuseum.eu

3 Holstentor

Wuchtig steht das mächtige Holstentor – Lübecks Wahrzeichen – da: Das spätgotische Tor aus dem 15. Jh. ist ein Überbleibsel der ehemaligen Befestigungsanlage.

Gewusst, wo

Wer in Lübeck ans Wasser möchte, muss nicht gleich zur Ostsee fahren. Die idyllische Flusslandschaft entlang der Wakenitz kann man schon von der Stadt aus erkunden, z. B. indem man ein Kanu an der Moltkebrücke leiht (www.bootsvermietung-luebeck.de).

3,5 m dicke Mauern, Schießscharten und eine wehrhafte Anlage: Das Holstentor bewachte den Eingang zur Stadt. Heute lässt sich in dem kleinen Park davor gut entspannen.

Neben drei anderen, im 19. Jh. abgerissenen Toren begrenzte es den Zugang zur Stadt. Das Tor führte jedem, der sich der Stadt näherte, eindrucksvoll die Macht und Bedeutung der Hansestadt vor Augen. Die vergoldete Inschrift »CONCORDIA DOMI FORIS PAX« – »Drinnen Eintracht – draußen Friede«, das Motto der Stadt, wurde in dieser Form erst im 18. Jh. angebracht. Im Inneren kann das Museum Holstentor zur Stadtgeschichte besichtigt werden.

Holstentorpl., Lübeck, Jan.–März tgl. 10–17, Apr.–Dez. 10–18 Uhr, www.museum-holstentor.de

Schietwetter-Tipp

Marzipan-Museum, Spezialitäten-Café, Laden und eine Werkstatt, in der man lernen kann, Figuren aus der süßen Mandelmasse zu formen – in Lübecks Marzipan-Speicher lässt sich mit Leichtigkeit ein ganzer Tag verbringen (www.marzipanland.eu).

4 Fischerdorf Gothmund

Im Stadtteil St. Gertrud liegt an der Trave das verträumte Fischerdorf Gothmund. Dessen Hauptweg führt an reetgedeckten Häuschen vorbei zu einem kleinen Hafen im Schilf. Von Gothmund gelangt man über einen Treidelpfad ins idyllische Naturschutzgebiet Schellbruch.

Fischerweg, Lübeck, www.fischerdorf-gothmund.de

Hotels

H4 Hotel Lübeck City Centre
Das Hotel im denkmalgeschützten Handelshof von 1924 liegt zentrumsnah in der Nähe des Hauptbahnhofs, dennoch sind die zwar kleinen, aber geschmackvoll eingerichteten Zimmer sehr ruhig. Alle wichtigen Sehenswürdigkeiten sowie die City kann man leicht von hier zu Fuß zu erreichen.
Am Bahnhof 12–14, Lübeck, Tel. +49 451/80 90 90, DZ ab 93 €, www.h-hotels.com

Hotel KO 15
Direkt im Herzen der Altstadt am Koberg, Lübecks zweitgrößtem Platz, wohnt man in diesem gepflegten Stadthotel. 14 Zimmer befinden sich in dem historischen Backsteinhaus. Von hier ist man in 5 Min. in der Fußgängerzone mit zahlreichen Geschäften und kleinen Cafés.
Koberg 13, Lübeck, Tel. +49 451/777 15, DZ ab 100 €, www.ko15.de

Radisson Blu Senator Hotel
Moderne Zimmer, ein beheizter Innenpool mit Aussicht auf Lübecks historische Häuser und ein zuvorkommender Service machen das Senator Hotel ideal für einen Städtetrip. Auch von hier ist man in wenigen Minuten in der Innenstadt. Zum Hotel gehören mehrere Restaurants und Bars.
Willy-Brandt-Allee 6, Lübeck, Tel. +49 4 51/14 20, DZ ab 133 €, www.senatorhotel.de

13 Friesland

Niederlande

Muss sich der Mensch nicht klein und elend vorkommen im Angesicht dieses Meeres? Muss nicht alle Zuversicht von ihm abfallen, wenn Stürme wehen und die Flut den Boden unter seinen Füßen fortzuschwemmen droht? Nein, muss er nicht! Die Niederländer sehen das ganz anders. Seit Jahrhunderten stellen sie sich dem Kampf mit den Elementen. Und seit Jahrhunderten ringen sie der Nordsee neues Land ab. Sperren Wasserflächen ein, ziehen Deiche, bauen Windmühlen für die Pumpen: Ganze Provinzen haben sie so trockengelegt, die vorher auf dem Meeresgrund lagen. Wer echte Ehrfurcht lernen will, der nehme sich ein Fahrrad – in Holland fast überall zu finden – und fahre über den Afsluitdijk am Ijsselmeer. Ein 29 km langer Schutzwall gegen die nagende, saugende Kraft des Meeres! Auf der Innenseite ein Paradies für Segler, an seinen Rändern haben die Kämpfer riesige Flächen von Neuland geschaffen. Und außen: das Wattenmeer, Weltnaturerbe der Unesco. Was zu lernen ist: Die Natur lässt mit sich reden. Und dankt Rücksichtnahme mit großzügigen Geschenken. Auf den westfriesischen Wattinseln zum Beispiel, Ameland, Terschelling oder Schiermonnikoog: Nirgendwo ist der Strand weißer, weiter und feiner. Und nirgendwo ist der lärmige Rest der Welt ferner und unwichtiger als zwischen den Dünen. Der Himmel soll hier 224 Schattierungen von Blau haben. Ist das der Unesco eigentlich noch gar nicht aufgefallen?

www.frieslandniederlande.de

Überwältigend: Fahrt duchs Wattenmeer, kurz vorm Horizont erwartet einen Inselfeeling auf Terschelling,

1 Watteninseln

Den südwestlichen Teil des Wattenmeers bilden die friesischen Watteninseln Vlieland, Terschelling, Ameland, Schiermonnikoog und Rottumeroog. Die Insel Texel ganz im Westen gehört schon zur Provinz Nordholland – sie ist die größte und abwechslungsreichste: Blühende Blumenfelder, der markante rote Leuchtturm und die vielen Lämmer sind schöne Fotomotive. Auf Terschelling herrscht während des Sommers trubeliges Strand- und Nachtleben. Die zum Nationalpark erklärte autofreie Insel Schiermonnikoog verspricht Einsamkeit, trotz jährlich 300 000 Besuchern – v. a. Tagesausflügler. Im Besucherzentrum des Nationalparks kann man geführte Touren durch das Watt, die Dünen und ins Vogelreservat Kobbeduinen buchen. Der feine Sandstrand an der Nordküste gehört zu den schönsten in Europa. Ob Sonnenanbeter, Surfer oder Schwimmer, hier ist jeder in seinem Element.

tgl. (Auto-)Fähren von Den Helder nach Texel (ca. 20 Min., www.teso.nl), von Harlingen nach Vlieland und Terschelling (30 bzw. 45 Min., www.rederij-doeksen.nl), von Holwerd nach Ameland und von Lauwersoog nach Schiermonnikoog (jeweils 45 Min., www.wpd.nl); zwischen den Inseln meist nur Ausflugsboote mit eingeschränkten Fahrplänen, siehe auch www.vlieland.org unter Praktisch/Inselhüpfen; www.friesland.nl

2 Friesische Seenplatte

Von Leeuwarden nach Südwesten bis zum Ijsselmeer erstreckt sich das »Friese Meren«, die Friesische Seenplatte. Mit einer mehr als 60 km langen Kette von Seen, die durch Kanäle, Bäche und kleine Flüsse miteinander verbunden sind, ist sie ein Paradies für Wassersportler, Freizeitkapitäne und Hobbymatrosen. Wer sich von den Profis etwas abschauen will, sollte die Sneekweek jedes Jahr im August besuchen – sie zählt zu den wichtigsten Segelwettbewerben des Landes. Ein Höhepunkt sind die Rennen der »Skûtsjes« (Plattbodenschiffe), flacher Frachtensegler mit geringem Tiefgang. Auch sonst ist die Stadt Sneek einen Besuch wert: Das schönste Bauwerk ist das im 16. Jh. errichtete Stadhuis (Marktstr. 15) mit seinem im 18. Jh. vorgesetzten Rokokogiebel. Das Fries Scheepvaart Museum (Kleinzand 14, Sneek, www.friesscheepvaartmuseum.nl) zur Geschichte der Seefahrt des 17. bis 20. Jh. zeigt neben Schiffsmodellen u. a. Navigationsinstrumente, Einrichtungen

Beste Reisezeit

Im Winter werden in ganz Friesland Schlittschuh-Volksläufe (»Toertocht«) organisiert, und Tausende von Holländern gleiten elegant über die Eisfelder, die von den Feuerwehren gemeinsam mit den örtlichen »IJsclubs« auf gefluteten Wiesen angelegt werden, mit Bahnen für Kortebaan-Wedstrijden oder Schaatsmarathon – Sprint oder Langstrecke.

Ein Ort zum Träumen: 1781 hat sich Eise Eisinga dieses wunderschöne Planetarium in seinem Wohnzimmer erschaffen.

an Bord, Ausstattung von Seeleuten sowie diverse Zeichnungen und Gemälde.

Tourist Info: Kleinzand 16, Sneek, Tel. +31 515/75 06 78, www.vvvsneek.nl; www.sneekweek.nl

3 Afsluitdijk

Der windumtoste Abschlussdeich hat die »Zuidersee« in das Binnengewässer »Ijsselmeer« verwandelt. Seit 1932 wehrt er Sturmfluten ab und hilft, den Wasserstand im Poldergebiet zu regulieren. 32 km lang führt der Weg übers Wasser, besonders beeindruckend ist die Überquerung per Rad. Ungefähr 5 km vor der Abfahrt in Friesland erhebt sich ein Aussichtsturm, der einen weiten Panoramablick über die raue See und das technische Meisterwerk bietet.

Kornwerderzand, www.deafsluitdijk.nl

4 Franeker

Der reizende Stadtkern mit seinen schiefen Häuschen wird umschlossen von einem Grachtengürtel. Auch die Professoren- und Teehäuser am Alten Wall, das Renaissance-Rathaus und das »Korendragershuis« sind lohnende Motive. Die kulturhistorische Kuriosität Franekers liegt versteckt hinter einer schlichten Backsteinfassade: das Planetarium des Wollkämmerers und Tüftlers Eise Eisinga. Im 18. Jh. montierte er ein noch heute funktionierendes, maßstabsgetreues Modell unseres Sonnensystems an die Decke seines bescheidenen Wohnzimmers. Präzise zeichnet es dort seit mehr als 230 Jahren den Lauf der Planeten nach.

www.friesland.nl/de/franeker;
Planetarium: Eise Eisingastraat 3, Franeker, Di–Sa 10–17, So 13–17, Apr.–Okt. auch Mo 13–17 Uhr, www.planetarium-friesland.nl

Gewusst, wo

Wer Cranberries mag, sollte im Herbst die Felder bei West aan Zee auf Terschellling besuchen. Die aus Nordamerika stammenden Vitamin-C-reichen Moosbeeren sind eine Spezialität der Insel.

Hotels

Bornholm
3-Sterne-Hotel mit modern eingerichteten geräumigen Zimmern, Sauna, Dampfbad, Frisör, Fahrradverleih und Fitnessbereich in schöner ländlicher Lage. Besonders hervorzuheben ist das reichhaltige Frühstück.
Hoofdweg 6, West-Terschelling, Tel. +31 562/44 22 66, DZ ab 80 €, www.hotelbornholm.nl

Dromen aan Zee
Originelle abgeschiedene Nachtquartiere kann man am Hafen der Krabbenfischer buchen: In der Kanzel eines Hafenkrans, in der Spitze eines Leuchtturms und auf einem alten Rettungsboot wurden maritim-exzentrische Zimmer mit allem Komfort eingerichtet. Ob gemütlich schaukelnd unter Deck oder in luftiger Höhe mit Rundumblick – diese Unterkünfte sind ein Erlebnis.
Havenweg 1, Harlingen, Tel. +31 517/41 44 10, ab 199 € (2 Personen), www.dromenaanzee.nl

Friesland per Hausboot
Bei Friesland Boating Yachtcharter kann man sich ein schwimmendes Ferienhaus mieten und damit gemächlich über Frieslands Wasserwege steuern. Besonders entspannt: Man darf auch ohne Bootsführerschein ans Steuer.
De Tille 5–7, Koudum, Tel. +31 514/52 26 07, ab 310 €/Wochenende (2 Personen), www.friesland-boating.de

14 Groningen

Niederlande

Wie kommt es eigentlich, dass niederländische Architekten einen so tollen Ruf haben? Dass sie ihre Ideen in die ganze Welt exportieren? Wir erlauben uns da mal ein paar Vermutungen: Weil es hier üblich ist, einen intelligenten Lösungsvorschlag erst mal mit freudiger Neugier zu betrachten. Weil die Anforderungen hoch sind – wer es im Land der Polder und Kanäle schafft, ein trockenes, stabiles Plätzchen zu bauen, der kann was! Weil Achtung da ist für Vorbilder, die schon vor Jahrhunderten schlaue Lösungen gefunden und umgesetzt haben. Und schließlich: weil die Leute hier gelernt haben, als Gemeinschaft zu denken und zu handeln. Und wo technisches Können und guter Geschmack zusammenkommen, Innovationsfreude und lange Tradition, da entstehen solche Perlen wie Groningen – eine putzmuntere Mischung aus historischen Giebelhäusern am alten Hafen und junger Architektur, Backsteingotik und Art Nouveau, Renaissance und Postmoderne, nachbarschaftlich vereint, durchsetzt mit tollen Kneipen, Theatern, lauschigen Höfen, dem schiefen Turm der Martinikirche und einem Museum, das selbst schon ein Kunstwerk ist. Dass Groningen zudem eine alte und immer junge Universitätsstadt ist, trägt sicher viel zur guten Laune bei: Jeder Vierte hier ist Student.

www.toerisme.groningen.nl

Bunt und praxisgerecht
wohnt man in Groningen – und
meist ganz nah am Wasser.

1 Architekturstadt Groningen
2 Groninger Museum
3 Appingedam
4 Wildvögel und Seehunde
Hotel 1: Asgard Hotel
Hotel 2: Hotel Prinsenhof
Hotel 3: Apollo Hotel Groningen

1 Architekturstadt Groningen

Groningen ist Architekturstadt. Nach den erheblichen Zerstörungen des Zweiten Weltkriegs erstand die Hauptstadt der gleichnamigen Provinz als aufregende Mischung aus Tradition und Avantgarde neu. Die quirlige Universitätsstadt hat heute viele spannende Gesichter: z. B. idyllische mittelalterliche »Hofjes« (die typisch niederländische, frühe Sozialarchitektur mit Innenhof), prunkvolle Kaufmannshäuser mit ihren markanten Renaissance-Giebeln, individuelle Wohnschiff-Romantik in den Grachten oder gewagte Experimente futuristischer Gegenwartsarchitektur. Einen guten Überblick über Groningens imposante Architekturlandschaft (und das gesamte Umland) bietet der über 500-jährige, 97 m hohe Turm (Martinitoren) der Martinskirche (Martinikerk) am Hauptmarkt (Grote Markt).

Tourist Info: Grote Markt 25, Groningen, Tel. +31 900/202 30 50, www.toerisme.groningen.nl

2 Groninger Museum

Das gewagte Design des italienischen Architekten Alessandro Mendini sticht sofort ins Auge: Gegenüber dem Hauptbahnhof gruppieren sich um einen monumentalen, goldgelben Turm vier futuristische Pavillons – auf einer künstlichen Insel inmitten der Stadtgrachten. Das 1994 eröffnete Gebäude selbst ist das erste Kunstwerk, das Besucher des Groninger Museums bewundern (oder kritisieren) können. Ansonsten versteht man sich sowohl als

Keine Gracht, sondern ein Fluss – die Aa! Im Hintergrund der Turm der mittelalterlichen Aa-Kirche, heute beliebter Konzert- und Veranstaltungsort.

Kunst-, Kunsthandwerks- wie auch als historisches Stadt- und Regionalmuseum.

Museumeiland 1, Groningen, Di–So 10–17 Uhr, www.groningermuseum.nl

3 Appingedam

Das historische Provinzstädtchen mit seiner malerischen Altstadt und dem schmucken Renaissance-Rathaus ist einen Abstecher wert. Nicht übersehen sollte man die »hängenden Küchen«, die einst aus Platzmangel als weiße Holzvorbauten über den Kanal gebaut wurden.

www.toerisme.groningen.nl

4 Wildvögel und Seehunde

Der Nationalpark Lauwersmeer (um die gleichnamige Bucht) ist ein sehenswertes Paradies für Wildvögel. Einige Kilometer östlich kümmert sich das Zeehondencentrum von Pieterburen um kranke, schwache oder gestrandete Seehunde. Man erfährt jeweils viel Interessantes über die Tiere und ihre Lebensräume

Vögel: Haven 6, Lauwersoog, www.nplauwersmeer.nl; Seehunde: Hoofdstraat 94a, Pieterburen, www.zeehondencentrum.nl

Beste Reisezeit

Jeden August steigt in Groningen elf Tage lang das internationale Noorderzon-Festival (www.noorderzon.nl) mit vielfältigen Konzerten, Theateraufführungen, Tanz-Performances, optischen Shows und literarischen Darbietungen.

Hotels

Asgard Hotel
Von Designer Henk Bakker gestaltetes Boutiquehotel im Groninger Museumsviertel, dessen moderne Einrichtung sich durch die Verwendung vieler Naturmaterialien auszeichnet. Tipp: Die oberen »Luxe kamers« mit Blick über die Stadt.
Ganzevoortsingel 1, Groningen,
Tel. +31 50/368 48 10, DZ ab 79 €,
www.asgardhotel.nl

Hotel Prinsenhof
Royaler, zentraler und ruhiger kann man in Groningen nicht nächtigen, in einzigartiger Lage in einem Innenhof hinter dem Martiniturm. Aus dem im historisch-modernen Mix möblierten gotischen Bau blickt man auf den im Renaissance-Stil gehaltenen Prinzengarten. Für allen erdenklichen Komfort ist gesorgt.
Martinikerkhof 23, Groningen,
Tel. +31 50/317 65 55, DZ ab 164 €,
www.prinsenhof-groningen.nl

Apollo Hotel Groningen
Das hochmoderne Hotel liegt südwestlich der Altstadt (beim Stadtpark) im futuristischen, vom französischen Architekten Dominique Perrault entworfenen »La Liberté«-Ensemble und bietet ausgesprochen stylishe Architektur und Einrichtung. Bis zum Stadtzentrum sind es etwa 2 km.
Laan van de Vrijheid 91, Groningen,
Tel. +31 50/763 00 70, DZ ab 84 €,
www.apollohotels.nl

15 Ostfriesische Inseln West

Niedersachsen

In Zeiten, als der Globus noch nicht global und Montevideo wirklich weit weg war, da war Norddeich Radio die Schaltstelle für alle Abenteuer dieser Welt. Und jedes Jahr zu Weihnachten rief Hermann Rockmann, die Rundfunkstimme Norddeutschlands, von der Küstenfunkstelle im Norden Ostfrieslands in den knarzenden Äther: Hier ist Norddeich Radio, können Sie mich hören? Und nach bangen Sekunden erwiderte der Kapitän eines Schiffs aus dem Südpazifik oder dem Golf von Bengalen den »Gruß an Bord« und fügte hinzu, dass er den Lieben daheim und ganz besonders seiner Gattin in Brunsbüttel ein frohes Fest wünsche. In Norden oder Aurich, in Hamburg oder Flensburg war es Zeit, die Kerzen am Baum anzuzünden und zu staunen, dass es unten in Indien jetzt tropisch heiß sein sollte. Das war sehr feierlich. Heute genügt ein Strandkorb in Borkum oder Juist, um dieses ozeanische Gefühl von Allgegenwart und ewigem Sommer zu empfinden. Die Sonne lacht vom Himmel, eine Brise weht feinsten Sand gegen das Geflecht. Kinder werfen ihre Gummiente in die glucksenden Wellen, ein Papa rennt hinterher. An der Promenade gibt es Eiscreme und sanft swingende Musik. Ein Freund postet ein Foto aus Bora Bora, aber die wahre Südsee ist hier. Weiter Blick über das Wattenmeer, Sonnenmilch mit Kokosaroma, nachher vielleicht rüber zum Festland. Norddeich ist gleich gegenüber. Dort gibt es süße Seehunde. Der Küstenfunk ist jetzt ein Museum.

www.ostfriesland.de, www.norddeich-radio.de

Strandfreuden für Alt und Jung: Am Borkumer »Nordbad« verschmelzen Badebetrieb und geselliges Amusement.

1 Borkum
2 Seehundstation Norddeich
3 Juist
4 »bade:haus norderney«
Hotel Weisse Düne
Hotel Inselloft
Strandhotel Kurhaus Juist

1 Borkum

Keine der Ostfriesischen Inseln ist größer und keine weiter vom Festland entfernt. Mehr als zwei Stunden braucht die Fähre von Emden aus. Wo sie anlandet, herrscht allergiefreundliches Hochseeklima – und ein entschleunigter Taktschlag. Den vermittelt schon die Schmalspurbahn, die gemächlich die 7 km vom Fähranlager bis ins Ortszentrum entlangzuckelt, durch ein herrliches Naturschutzgebiet. Keine andere Insel kann mit so vielen Leuchttürmen aufwarten wie Borkum. Die schönste (Rundum-)Aussicht hat man, sofern man 315 Wendeltreppen-Stufen nicht scheut, vom 60 m hohen »Neuen Leuchtturm«. Doch so neu wie er heißt, ist er gar nicht; schon seit fast 140 Jahren versieht er seinen Dienst! Im Ruhestand befindet sich dagegen der 1576 erbaute »Alte Leuchtturm«: Als ältestes Gebäude der Insel steht er – umzäunt von Walkieferknochen – inmitten des faszinierenden alten Walfängerfriedhofs und zeugt heute von Borkums Vergangenheit als Walfang-Metropole.

Tourist Info: Georg-Schütte-Pl. 5, Borkum, Tel. +49 49 22/93 30; Neuer Leuchtturm: Strandstr., Nov.–März Mi, Sa, So 14–16, Apr.–Mai Mo, Di, Do–Sa 11–16, Juni–Sept. tgl. 10–17, Okt. Mo, Di, Do–Sa 11–16 Uhr, Tel. +49 49 22/77 99

2 Seehundstation Norddeich

Von Norddeich gehen die meisten Fährverbindungen nach Juist und Norderney, aber hier ist auch eine wichtige Anlaufstation für tierische Insel- (bzw. Meeres-)

Gewusst, wie

Gäste können mit der kostenlosen App »Borkum buchen« durch Scannen des QR-Codes im gedruckten Gastgeberverzeichnis prüfen, ob die Unterkunft zur gewünschten Reisezeit noch frei ist, und diese direkt buchen.

Aufgepäppelte Seehunde, wie hier »Lisa«, werden auf den Inseln wieder ausgewildert.

Bewohner. Zwischen 30 und 80 verwaiste und unterernährte junge Seehunde werden in der Station wieder aufgepäppelt. Besucher können die »Heuler« sowohl über als auch unter Wasser beobachten und sich in einer Ausstellung über das ostfriesische Seehundeleben informieren.

Dörper Weg 24, Jan.–Nov. tgl. 10–17 Uhr, www.seehundstationnorddeich.de

3 Juist

Strandnähe ist auf Juist stets inklusive. Selbst an ihrer breitesten Stelle misst die Insel nicht mehr als 900 m, an ihrer schmalsten 500 m. Dafür ist sie die längste der Ostfriesischen Inseln. Mit seinen 17 km Länge ist der feinsandige, fast weiße Juister Strand nicht nur der ausgedehnteste Ostfrieslands, sondern vielleicht der schönste Deutschlands. Weil kaum Tagestouristen nach Juist kommen, ist man hier selbst in der Hauptsaison an vielen Abschnitten mit sich und dem Meer allein. »Töwerland« nennen die Einheimischen ihre autofreie Insel: Zauberland. So thront auf dem Juister Dünenkamm der Prachtbau des alten Kurhauses von 1898 wie ein weißes Märchenschloss. Juist ist eine Insel zum Träumen.

Tourist Info: Strandstr. 5, Juist,
Tel.: +49 49 35/80 98 00, www.juist.de

4 »bade:haus norderney«

Geologisch gesehen ist Norderney, das erst Mitte des 16. Jh. ›zusammenwuchs‹, die jüngste der Ostfriesischen Inseln. Doch touristisch ist die Insel ein (sandiges) Urgestein: Bereits 1797 wurde ihr der Titel einer »Königlich-Preußischen Seebadeanstalt« verliehen. Über das bloße Strandvergnügen hinaus war Norderney die Keimzelle der Meeresheilkunde in Deutschland. Hier kann man sich auf eine über 200-jährige Tradition der Thalassotherapie stützen. Ganzheitliche Gesundheit aus dem Meer, das ist auch der Ansatz des Norderneyer »bade:haus«. Der Vorzeige-Wellnesstempel der Insel, im klaren Bauhaus-Stil, ist heute eines der führenden und größten Thalasso-Zentren in Europa.

Tourist Info: Am Kurpl. 1, Norderney,
Tel. +49 49 32/89 19 00, www.norderney.de;
bade:haus: Am Kurpl. 2, tgl. 9.30–21.30 Uhr,
www.badehaus-norderney.de

Hotels

Hotel Weisse Düne

Von der traditionsreichen Jugendstilvilla in Borkums Ortszentrum sind es nur wenige Schritte zum Strand, auch die Kurpromenade ist nicht weit. Man frühstückt auf der stimmungsvollen Veranda mit entspanntem Blick auf das Inseltreiben. Alle Zimmer sind rauchfrei.
Georg-Schütte-Pl. 13, Borkum,
Tel. +49 49 22/9 24 90 40, DZ ab 75 €,
www.hotel-auf-borkum.de

Hotel Inselloft

Das 4-Sterne-Designhotel auf Norderney kombiniert Tradition und Moderne, lässige Coolness und mondänen Style. Zauberhafte alte Stuckarbeiten treffen auf moderne Glasfronten. Eine hauseigene Bäckerei und das ambitionierte Restaurant »Esszimmer« sorgen täglich neu für kulinarische Genüsse.
Damenpfad 37–40, Norderney,
Tel. +49 49 32/89 38 00, DZ ab 150 €,
www.inselloft-norderney.de

Strandhotel Kurhaus Juist

Inmitten der Juister Dünen repräsentiert das »Weiße Schloss am Meer« den Charme der luxuriösen Seebäder-Architektur der vorletzten Jahrhundertwende, gekrönt von einer bläulich schimmernden Glaskuppel. Höchst illustre Gäste haben hier in den vergangenen 120 Jahren Luft, Licht und Luxus genossen.
Strandpromenade 1, Juist,
Tel. +49 49 35/91 60, DZ ab 175 €,
www.strandhotel-kurhaus-juist.com.

16 Ostfriesische Inseln Ost

Niedersachsen

Der Lokführer hat Zeit. 25 km/h schafft sein Inselbähnchen auf der kurzen Strecke vom Anleger bis ins Dorf. Wer nach wenigen Minuten sein Ziel erreicht, ist in einer anderen Zeitzone angekommen. Keine Autos hier, nur Weite und Stille, Pferdefuhrwerke, Fahrräder und ein grenzenloser Horizont. Das Wattenmeer ist Unesco-Weltnaturerbe, und die Menschen von Langeoog, Spiekeroog und Wangerooge haben die Botschaft verstanden: Alles ist auf Rücksichtnahme eingestellt. Ladenbetreiber und Gastwirte achten auf Produkte aus fairem Handel, der Strom ist grün, der Strand bleibt sauber. Eine Wattwanderung lehrt das Staunen, Vogelschwärme lassen sich zum Festmahl nieder, draußen gibt es Seehunde und sogar Schweinswale. Und während der Besucher in den Dünen liegt und langsam an einem Halm vom Strandhafer kaut, dämmert ihm: Die Natur ist ein Geschenk, aber wir alle müssen es bewahren.

---

www.ostfriesland.de

Gemütliche sieben Minuten braucht die Langeooger Schmalspurbahn vom Fähranleger in den Ort.

1 Langeoog
2 Spiekeroog
3 Wangerooge
4 Baltrum
1 Dünenhotel Strandeck
2 Retro Design Hotel
3 Zur alten Inselkirche

1 Langeoog

Der Strand löst ein, was der Name der »langen Insel« verheißt: Schier endlos erstreckt sich der feine weiße Sandstrand auf fast 14 km. Fahrräder sind das Hauptverkehrsmittel auf Langeoog, Verleiher halten alle erdenklichen Arten von Drahteseln zur Erkundung der Insel bereit. Einen guten Insel-Überblick bekommt man von der »Höhenpromenade«, die sich auf einer Meereshöhe von 10 bis 15 m über die Dünenkette schlängelt (und als Ostfrieslands höchstgelegene Strandpromende bezeichnet wird!). Hier steht auch der alte Wasserturm, das Insel-Wahrzeichen, dessen oberstes Stockwerk eine noch bessere Aussicht bietet. Unterhalb des Turms steht eine Laterne, und »unter der Laterne« steht, in Bronze gegossen, Lale Andersen. Die Sängerin von »Lili Marleen« hat Langeoog geliebt und hier auch ihre letzte Ruhestätte gefunden. Aber Langeoog ist kein Promi-Refugium, sondern eine lebendige Sport- und Familieninsel.

Tourist Info: Hauptstr. 28, Langeoog,
Tel. +49 49 72/69 30, www.langeoog.de

2 Spiekeroog

Mit den kleinen Backsteinhäuschen, ihren grün-weißen Vorbauten und der schmucken Miniaturkirche scheint das alte Inseldorf mit seinen schmalen Gassen fast einem Bilderbuch entsprungen. Autos gibt es hier nicht, selbst Fahrradfahren ist tagsüber untersagt. Stattdessen verkehrt

Schietwetter-Tipp

Auch wenn's draußen stürmt, kann man sich im Spiekerooger »Inselbad & Dünenspa« in 30 Grad warmem Nordseewasser aalen, mit Dünenblick saunieren und sich diverse Spa-Annehmlickeiten gönnen (www.spiekeroog.de).

Nicht Leucht-, sondern Wasserturm: Das Langeooger Wahrzeichen spendete der Insel ab 1909 fließendes (Süß-)Wasser.

in der Hauptsaison mehrmals täglich Deutschlands älteste Pferdebahn – mit genau einem PS. Ansonsten ist Spiekeroog eine Fußgängerinsel. Die Insulaner geben sich alle Mühe, ihre beschauliche, dörfliche Atmosphäre zu bewahren und achten streng auf Bauvorschriften, Lärmgrenzen, Baderegeln oder den Leinenzwang für Hunde. Manch einer spottet über »Spießeroog«. Doch alle andern genießen den entspannten Rhythmus und das urige Traditionsbewusstsein, die auch der Natur auf der »Grünen Insel« zugutekommen. In den Spiekerooger Dünen und Inselwäldchen (!) fühlen sich so auch seltene Vogelarten, wie Sumpfohreule, Korn- oder Rohrweihe zu Hause.

Tourist Info: Noorderpad 18, Spiekeroog, Tel. +49 49 76/919 31 01, www.spiekeroog.de

3 Wangerooge

Das Urlaubsfeeling beginnt schon auf der Fahrt nach Wangerooge, wenn die Fähre an den Seehundbänken vorbeizieht (am besten Fernglas einstecken!), wo sich die Tiere genüsslich in der Sonne fläzen. Und dann zuckelt die Schmalspurbahn vom Anleger bis in den Ort durch die schöne Dünenlandschaft. Strandnähe, Wattnähe, Zentrumsnähe, das trifft hier eigentlich auf jede Unterkunft zu. Weniger durchgestylt als manch andere Insel, ist Wangerooge eine Insel für alle – es gibt auch Unterkünfte in sämtlichen Preisniveaus.

Tourist Info: Obere Strandpromenade 3, Wangerooge, Tel. +49 44 69/990, www.wangerooge.de

4 Baltrum

Sowohl nach der Fläche als auch nach der Einwohnerzahl ist Baltrum die kleinste der bewohnten Ostfriesischen Inseln. Dafür wohnt hier die größte deutsche Lachmöwenkolonie. Nicht einmal Straßennamen gibt es; die (330) Hausnummern wurden chronogisch vergeben. Die Uhren scheinen hier langsamer zu ticken als anderswo. Pferde transportieren im gemächlichen Schritttempo das, was nötig ist, über die Insel. Den Rest erledigt man per Fahrrad (doch selbst das ist verpönt), Bollerwagen oder zu Fuß. »Dornröschen der Nordsee« lässt sich die Insel gerne nennen. Erholsame Ruhe ist garantiert.

Tourist-Info: Haus Nr. 130, Baltrum, Tel. +49 49 39/80 28, www.baltrum.de

Hotels

Dünenhotel Strandeck

Seit 2014 darf sich das Haus offiziell Biohotel nennen. Zum Frühstück duften Brötchen aus der hauseigenen Bäckerei. Viel Wert wird auf regionale Produkte und Slow-Food-Genuss gelegt. Doch nicht nur die Nahrungsmittel, sondern auch das Wirtschaften hat hier zertifizierte Bioqualität.

Kavalierpad 2, Langeoog, Tel. +49 49 72/383, DZ ab 126 €, www.strandeck.de

Retro Design Hotel

Knallig und stilvoll wird hier der Look der wilden 1970er-Jahre mit aktuellem Style und edlem Komfort kombiniert. Das Hotel wirkt aus der Zeit gefallen und trotzdem topmodern. Auf dem allerneuesten Stand ist das umfangreiche Wellness-Angebot.

Abke-Jansen-Weg 6, Langeoog, Tel. +49 49 72/682 99 90, DZ ab 106 €, www.retrodesign-hotel.dede

Zur alten Inselkirche

Der Name verweist auf die idyllische Lage des atmosphärischen Hotel Garni im historischen Ortskern. Alle Zimmer sind liebevoll individuell eingerichtet: rustikal modern oder mit Antiquitäten. Ein feudales Frühstück gibt es im zugehörigen Café Klönstuv, wo man sich tagsüber auch gemütlich Kaffee und Kuchen widmen kann.

Noorderloog 4, Spiekeroog, Tel. +49 49 76/9 10 50, DZ ab 100 €, www.kroeger-spiekeroog.de

17 Festlandküste Ostfriesland

Niedersachsen

Eines Tages hatte Edzard Mauritz zu Inn- und Knyphausen das ganze barocke Geschnörkel satt. Weg damit, verfügte der entschlossene Reichsfreiherr und ließ seinen Garten in Lütetsburg bei Norden zu einem Park, nein: zu einer Landschaft ausbauen. Nach englischem Vorbild, gegliedert nach der Idee einer beseelten Natur, geschmückt mit Skulpturen, exotischen Pflanzen und einem Ozean an Rhododendren und Azaleen. 1790 war das, und Ostfriesland wurde eine Wiege der jungen Romantik. Der Ozean leuchtet noch heute – obwohl Besucher natürlich ein anderes Bild von Ostfriesland mitbringen: unter den Wind geduckte Häuser, Friesentee mit Kluntje und Sahne, ein weites, offenes Land und ein noch viel weiterer, unfassbarer Himmel. Keine Sorge, ist alles noch da: Wattenmeer, so weit das Auge reicht. Feiner Sandstrand in Horumersiel und Bensersiel, Krabbenfischer im Hafen von Neuharlingersiel, Sportboothafen, Kurkonzert, Mitternachtssauna, Drachensteigen, Strandvergnügen. In mancher backsteinroten Kirche findet sich noch eine wohlklingende alte Orgel, Burgen, Wasserschlösser und Herrenhäuser erzählen von bewegter Vergangenheit. Und der Garten des Reichsfreiherrn zu Knyphausen? Manchmal finden sich wunderschöne Inseln eben auch auf dem Festland.

www.ostfriesland.de

Ende Juli geht es am Strand von Schillig hoch her: Drei Tage lang steigt hier das Internationale Drachenfest.

1 Museum Leben am Meer
2 Schillig
3 Neuharlingersiel
4 Dornum
5 Schloss und Park Lütetsburg
Hotel 1 Burg Berum
Hotel 2 Hotel Buten Diek
Hotel 3 NAKUK - das friesische Landhotel

Beste Reisezeit

Ursprünglich durchzogen unzählige Kanäle, Wasserläufe und Gräben die Landschaft, diese überwanden die Ostfriesen mit den etwa 3 m langen Pultstöcken. Jedes Jahr an Christi Himmelfahrt finden sich die Pultstockspringer in Arle ein, um über die »Maar« zu springen.

1 Museum Leben am Meer

Allein schon der Museumsbau, die restaurierte Peldemühle, ist einen Besuch wert. Doch das Museum zeigt auch anschaulich die dynamische Entwicklung der Küstenlandschaft und das spannende Miteinander von Menschen und Meer in der Region.

Bensersieler Str. 1, Esens, Mitte März–Okt. Di–So 10–17 Uhr u. n. Vereinb., www.leben-am-meer.de

2 Schillig

Der Name des Küstenorts (Teil der Doppelgemeinde Horumersiel-Schillig) kommt vom plattdeutschen »Schill«, Muschel. Meeresströmung und Brandung laden am schönen Naturstrand Muscheln in so großer Menge ab, dass sie früher sogar zur Kalkherstellung abgebaut wurden. Auf fast 4 km bietet der Strand eigene Bereiche für diverse Strandsportarten (inkl. Drachensteigen), FKK- und Hundefreunde. Direkten Strandzugang und eine herausragende Lage hat auch der große Campigplatz. Im Watt sorgt bei Ebbe ein pittoreskes Kutterwrack für Abenteuerstimmung.

Tourist Info: Zum Hafen 3, Horumersiel, Tel. +49 44 26/98 70, www.horumersiel-schillig.de, www.campingplatz-schillig.de

3 Neuharlingersiel

Bunte Kutter dümpeln im Hafen, Fischer bringen ihren Fang an Land. Rund um das von historischen Giebelhäuschen gesäumte alte Hafenbecken geht es quirlig zu. In zahlreichen Lokalen ringsum sitzt man, klönt und guckt: wie geschickt die Kutter manövrieren, wie fix die Krabbenfischer das Deck schrubben, Netze flicken, Maschinen reparieren oder Bordwände ausbessern. Man trinkt Friesentee oder friesisch-herbes Bier. Von März bis Oktober singen jeden Sonntag Vormittag Shanty-Chöre aus der Region zum Hafenkonzert.

Tourist Info: Edo-Edzards-Str. 1, Neuharlingersiel, Tel. +49 49 74/18 80, www.neuharlingersiel.de

Seit mehr als 300 Jahren dreht sich im historischen Fischerdorf Neuharlingersiel alles um den Hafen.

4 Dornum

Klein aber ostfriesisch oho! Das Städtchen Dornum hat zwar kaum mehr als 1000 Einwohner, kann aber mit einem ganzen Arsenal eindrucksvoller historischer Relikte aufwarten. Denn seit dem Mittelalter residierten hier mehrere ostfriesische Häuptlingsgeschlechter, die von einstmals drei Burgen aus über die »Herrlichkeit Dornum« herrschten. Das barocke Wasserschloss (die Norderburg), die Beningaburg und die gotische Warftkirche St. Bartholomäus mit ihrer faszinierenden Barockorgel entstammen dieser Zeit. Eine Synagoge zeugt von der jüdischen Vergangenheit des Ortes.

Tourist Info: Hafenstr. 3, Dornum-Dornumersiel, www.dornum.de; www.kirche-dornum.de, www.synagoge-dornum.de

Gewusst, wie

»He löpt noch!«, sie rollt noch, die Kugel: Nicht wundern, wenn man gut gelaunten Menschen begegnet, die auf ostfriesischen Straßen wettbewerbsmäßiges Gummikugel-Weitrollen betreiben: Das »Boßeln« ist in Ostfriesland Nationalsport (www.bosseln.de). An mancher Landstraße warnen Straßenschilder vor Boßelspielern.

5 Schloss und Park Lütetsburg

»Ein uraltes Schloss am Meeresstrand, ein herrlicher Park im baumlosen Land, durch Dämme gestützt vor der stürmenden Flut«, so beschrieb Theodor Fontane das eindrucksvolle Lütetsburger Ensemble. Anders als das von den gräflichen Besitzern bewohnte Wasserschloss ist der Englische Landschaftsgarten von internationalem Rang ganzjährig zu besichtigen. Die ausgedehnte, sorgfältig komponierte und gepflegte Parklandschaft ist zu jeder Jahreszeit reizvoll, insbesondere natürlich, wenn Azaleen und Rhododendren in voller Blüte stehen. In den Sommermonaten lockt außerdem das kulinarische Angebot des stimmungsvollen Schlossparkcafés in einem historischen Gewächshaus.

Landstr. 55, Lütetsburg,
Mai–Sept. 8–21, Okt.–Apr. 10–17 Uhr,
www.schlosspark-luetetsburg.de;
www.schlossparkcafe-luetetsburg.de

Hotels

Burg Berum
Hinter alten Bäumen verborgen liegt die Burg Berum aus dem 14. Jh. Die Vorburg mit Turm und Tor trotzt bis heute der Zeit. Ein Gästehaus bietet Ferienwohnungen und drei Gästezimmer (besonders stimmungsvoll im Steinturm hinter Sprossenfenstern). Ungezähmt ursprünglich zeigt sich der »Lost Garden« mit seinen Rosen, Stauden und Kräutern.
Burgstr. 1, Hage, Tel. +49 49 31/77 55, DZ ab 70 €, www.burgberum.de

Hotel Buten Diek
Schlichtes, familiengeführtes Hotel direkt am Dornumersieler Hafen mit schönem Blick aufs Wattenmeer. Hier wird moderne ostfriesische Gastfreundschaft gepflegt: reelle Wohlfühl-Atmosphäre, ohne viel Schnickschnack, großgeschrieben wird gutes Essen und gutes Trinken.
Hafenstr. 4, Dornum-Dornumersiel, Tel. +49 49 33/991 20, DZ ab 78 €, www.buten-diek.de

NAKUK - das friesische Landhotel
»NAKUK«, das steht für »Natur, Kunst und Kultur«. In einem stimmungsvollen alten Gehöft inmitten der grünen Marschlandschaft verbinden sich Naturerlebnis, luxuriöses Ambiente und entspannte Atmosphäre. Man genießt großzügige Wellness-Angebote und anspruchsvolle Küche.
Wiadergroden 22, Horumersiel, Tel. +49 44 26/90 44 00, DZ ab 130 €, www.nakuk.de

18 Wilhelmshaven

Niedersachsen

Ein König muss kein Intellektueller sein – aber er sollte sein Volk verstehen. Als die Bürger der neu gegründeten Stadt am Jadebusen ihrem König Wilhelm I. im Juni 1869 ihre Urkunde vorlegten, hatten die Beamten am Berliner Hof kurzerhand die Schreibweise geändert: »Wilhelmshafen« stand da nun nicht mehr mit »v«, wie es dem Niederdeutschen entsprach, sondern – hochdeutsch und offiziös – mit »f«. Die Wilhelmshavener murrten, die Generäle übten sich in preußischer Sturheit. Nur Wilhelm lenkte ein: mit »v«, selbstverständlich. Und zu den Generälen: »Ich habe es immer so ausgesprochen.« Die kleine Geschichte zeigt ganz nebenbei, wie sehr die Stadt dem Monarchen am Herzen gelegen haben muss: ein Hafen an der Nordsee für die königliche, bald schon kaiserliche Flotte, bestens abgeschirmt durch Wattenmeer und die Kette der ostfriesischen Inseln. Marinestandort ist Wilhelmshaven geblieben, der mit Abstand größte in Deutschland. Zugleich aber ist die Stadt ein wichtiger Anlaufplatz für Öltanker und – mit dem 2012 fertiggestellten Tiefwasserhafen JadeWeserPort – für die mächtigsten Containerschiffe der Welt, unabhängig von Ebbe und Flut und jederzeit offen für weiteres Wachstum. Wo aber alle Zeichen auf Zukunft stehen, erinnert das Besucherzentrum der Unesco an die Kostbarkeit und den Charme eines Weltnaturerbes, das sich hier unmittelbar erleben lässt – in den unendlichen Weiten des Wattenmeers, aber auch auf den Inseln, in den entzückenden Badeorten am Meer und, selbst wenn das paradox klingt, am einzigen Südstrand der Nordsee.

www.wilhelmshaven.de,
www.wilhelmshaven-touristik.de

Schiff ahoi! Beim Aquarium (am unteren Bildrand) endet die Maritime Meile und beginnen die Hafenrundfahrten.

1. Maritime Meile
2. Jade-Weser-Port
3. Dangas
4. Jever

- (Hotel 1) Ankerplatz Hotel
- (Hotel 2) Strandhotel Dangast
- (Hotel 3) Strandhotels Seestern & Delphin

1 Maritime Meile

Auf der sehr sehenswerten Museumsmeile Wilhelmshavens liegen die maritimen Highlights der Nordseestadt fast auf einem Fleck. Der 1,6 km lange Rundgang beginnt am Küstenmuseum (Weserstr. 58, Feb. bis Nov. Di–So 11–17 Uhr, www.kuestenmuseum.de). Von dort geht es weiter den Kai entlang zum Wahrzeichen der Stadt, der Kaiser-Wilhelm-Brücke, vorbei an dem Museumsschiff »Kapitän Meyer«, einem alten Tonnenleger, und vorbei am Weserfeuerschiff »Norderney«. Der nächste Zwischenstopp bietet sich im Deutschen Marinemuseum (Südstrand 125, Apr.–Okt. tgl. 10–18 Uhr, Nov.–März tgl. 10–17 Uhr, www.marinemuseum.de) an, mit einer interessanten Ausstellung zur Geschichte der deutschen Marine. Auf dessen Freigelände lässt sich der 2003 außer Dienst gestellte Lenkwaffenzerstörer »Mölders« entdecken oder man windet sich durch die klaustrophobische Enge des U-Boots U 10. Gleich nebenan befindet sich das Nationalparkzentrum Wattenmeerhaus (Südstrand 110 b, Apr.–Juni, Sept./Okt. tgl. 10–17, Juli/Aug. tgl. 10–18. Nov.–März Di–So 10–17 Uhr, www.wattenmeer-besucherzentrum.de), wo das Skelett eines Pottwals zu bestaunen ist und in den Aquarien allerlei Nordseegetier. Als letzte Station ist das Aquarium (Südstrand 123, tgl. 10–18 Uhr, www.aquarium-wilhelmshaven.de) zu nennen, ein Stück weiter den Südstrand entlang. Direkt daneben starten die Hafenrundfahrten (Helgolandkai, Apr.–Okt. 11, 13, 15 Uhr, www.reederei-warrings.de) zu den Tankerlöschbrücken und zum Jade-Weser-Port.

www.maritimemeile.de

2 Jade-Weser-Port InfoCenter

Am Jade-Weser-Port können tideunabhängig die größten Containerschiffe der Welt abgefertigt werden. In Zahlen heißt das konkret: Schiffe mit gut 400 m Länge, mehr als 16 m Tiefgang und einer Transportkapazität von über 18 000 20-Fuß-Containern. Anlaufpunkt für Touristen ist das InfoCenter, ein Betoncontainer mit einer kleinen, aber sehr gut gemachten Ausstellung. Hier erfährt man unterhaltsam, wie z. B. ein Container von Shanghai zum Jade-Weser-Port kommt und welche Hürden er bis dorthin zu überwinden hat. Mit einem Scanner durchsucht man den Container nach Schmuggelware, am Simulator übt man gefahrlos das Anlegen mit einem der dicken Pötte. Nach der virtuellen Vorbereitung geht es aufs Dach des InfoCenters, wo man das ganze Areal überblickt und mit dem fest installierten Fernglas den Betrieb beobachten kann. Auf der Website gibt es die aktuellen Termine für Rundfahrten mit dem Hafenbus.

Am tiefen Fahrwasser 11, Wilhelmshaven,
Di–So 10–18 Uhr,
www.jadeweserport-infocenter.de

Schietwetter-Tipp

Ein großes Erlebnisbad mit Strömungskanal, Massageduschen und Geysiren: Bei einer Warmwassertemperatur von 32 Grad kann man gut einen Regentag im Nautimo (Friedenstr. 99, Wilhelmshaven, www.nautimo.de) verbringen. Die Saunawelt bietet u. a. eine finnische Sauna, eine Mentalsauna und ein Dampfbad.

3 Dangast

Nur ein paar Kilometer südlich von Wilhelmshaven liegt der hübsche Badeort Dangast. Den kleinen Sandstrand entdeckten Anfang des 20. Jh. einige Künstler der Gruppe »Brücke« für sich. Heute ist Dangast ein belebtes und modernes

Die Kaiser-Wilhelm-Brücke ist ein beliebter Aussichtspunkt am Hafen. Die zwei Flügel der Drehbrücke können zur Seite gedreht werden, wenn große Schiffe einlaufen.

Nordseebad mit verschiedenen Wellnessangeboten, Jod-Sole-Kuren und dem Solefreizeitbad DanGast-Quellbad.

Tourist Info: Edo-Wiemken-Str. 61, Dangast, Tel. +49 044 51/911 40, www.dangast.de

Gewusst, wo

Die sieben Tage der Schöpfung: Zwischen Dangast und Mariensiel schufen sieben Künstler einen Skulpturenpfad zur Schöpfungsgeschichte und Stellung des Menschen in der Welt, der Pfad setzt sich am östlichen Jadebusen fort. Teile des Weges liegen auf dem schönen Nordseeküsten-Radweg, rund um den Jadebusen.

4 Jever

Nach Jever, zur Heimatstadt des berühmten Bieres, lohnt ein Abstecher von Wilhelmshaven. Interessant sind die historische Innenstadt mit vielen kleinen, schmucken Lädchen und Cafés, das Renaissanceschloss, das zugleich ein Museum für Regionalkultur ist, und natürlich die Brauerei mit der friesisch herben Biersorte – so der Werbeslogan. Wer zu dessen Quelle möchte, besichtigt den modernen Braubetrieb – hier werden in der Abfüllanlage mehr als 60 000 Flaschen pro Stunde befüllt – oder das historische Brauereimuseum (Schlachtstr. 2, Jever, Di–Fr, Sa nur Brauereimuseum, www.jever.de).

Tourist Info: Alter Markt 18, Jever, Tel. +49 044 61/93 92 61, www.stadt-jever.de

Hotels

Ankerplatz Hotel
Familienhotel in ruhiger Lage unweit des Kurparks. Im Zentrum ist man schnell zu Fuß. Parkplätze gibt's kostenfrei. Die Zimmer sind geräumig und komfortabel. Gut zu wissen: Die Hausbar wirbt mit der »wahrscheinlich größten Whisky-Auswahl Wilhelmshavens«.
Kopperhörner Str. 7, Wilhelmshaven, Tel. 044 21/932 20, DZ ab 106 €, www.ankerplatz-hotel.de

Strandhotel Dangast
Von den modernen Zimmern des Strandhotels blickt man direkt auf den Jadebusen. Im Sommer ist die Strandlounge besonders verlockend. Hier genießt man Cocktails oder Weine klassisch zum Sonnenuntergang über dem Meer. Als Gast kann man weitere Angebote wie das DanGastQuellbad oder die Watt'nSauna kostenfrei nutzen.
Edo-Wiemken-Str. 59, Varel/Dangast, Tel. +49 044 51/96 68 20, DZ ab 98 €, www.strandhotel-dangast.de

Strandhotels Seestern & Delphin
Der rote Backsteinbau steht direkt beim Deutschen Marinemuseum an der Waterkant. Der Blick zur See, auf Ebbe und Flut, ist noch besser als das kostenlose WLAN in den Zimmern. Zwei Restaurants bieten regionale und maritime Küche.
Südstrand 118, Wilhelmshaven, Tel. 044 21/941 00, DZ ab 90 €, www.hoteldelphin.de

19 Südwestliches Ostfriesland

Niedersachsen

Mancher hat den Kopf geschüttelt, damals, als er aus der Welt der großen Politik, der Stars und Stories heimkehrte nach Emden, hinter dem aus Sicht der Kollegen in Hamburg noch der Deich lag und dann eigentlich nichts mehr. Und als er der kleinen Stadt in Ostfriesland nicht seine Erinnerungen an diese Welt des Chi-Chi zumutete, sondern ihr eine Kunsthalle hinstellte und dazu seine Sammlung guter, ehrlicher Kunst zum Geschenk machte – da fügte mancher hinzu, nun ja, er wird eben alt. Aber es müsse doch Wesentlicheres in Erinnerung bleiben, entgegnete Henri Nannen, der Gründer, Geist und erste Journalist der Zeitschrift »Stern«, als nur eine erfolgreiche Illustrierte. Sehr weitsichtig! Die Illustrierte hatte ihre großen Zeiten, aber die Kunst erwies sich als die klügere Wette auf die Zukunft. Und so kommen auch zwanzig Jahre nach dem Tod des Stifters jedes Jahr Hunderttausende in das rote Backstein-Gebäude mit der sprechenden Adresse Hinter dem Rahmen 13, entdecken die Werke vom Blauen Reiter und der Brücke bis hin zu den neuen Wilden und der jungen Kunst – und ganz nebenbei eine Stadt, eine ganze Region, in der es nie weit zum Wasser ist. Museumshafen, Moorsee, Strandbad und einer der größten Häfen zur Verschiffung von Autos in Europa: Die Nähe zum Meer hat das Land geprägt, seine Natur und seine Geschichte. Und manch einer ist ausgezogen, den Witz der Ostfriesen weit über Emden, Leer und Aurich hinaus zu verbreiten.

www.ostfriesland.de

Das Leerer Rathaus
im Renaissancestil streckt
seinen Turm am Hafen selbst-
bewusst in den Himmel.

Gewusst, wo

Ostfriesland ist Milchland – überall sieht man Kühe auf sattgrünen Wiesen. Frische Produkte vom Hof servieren die Melkhuskes: Das Glas kühle Milch oder den Becher erfrischenden Joghurt wissen vor allem Radfahrer auf ihrer Tour zu schätzen. Adressen unter www.ostfriesland.de

1 Kunsthalle Emden

Das 1986 von Stern-Herausgeber Henri Nannen gestiftete, hochkaratige Kunstmuseum (Schwerpunkt: deutscher Expressionismus und Neue Sachlichkeit) ist ein international bestaunter Solitär der ostfriesischen Museumslandschaft.

Hinter dem Rahmen 13, Emden, Di–Fr 10–17, Sa, So 11–17 Uhr, Tel. +49 49 21/97 50 50, www.kunsthalle-emden.de

2 Greetsiel

Schon am Ortseingang wird man von zwei prächtigen alten Holland-Windmühlen begrüßt. Auch das historische Ortsbild mit den Bürgerhäusern und ihren Glockengiebeln im nierderländischen Stil hat sich erhalten. Der malerische Hafen am Siel und seine Fischer prägen seit 600 Jahren das geschäftige, maritime Treiben in Greetsiel. 27 Krabbenkutter sind es heute, die Tag für Tag hinausfahren.

Tourist Info: Zur Hauener Hooge 11, Krummhörn-Greetsiel, Tel. +49 49 26/ 9 18 80, www.greetsiel.de

3 Aurich

Mehr als 400 Jahre lang war die Residenzstadt Aurich Mittelpunkt regionaler Politik und Kultur. So wartet die aufwendig sanierte Innenstadt mit zahlreichen historischen Sehens- und Denkwürdigkeiten (Lambertikirche, Kulturparlament, Schloss) auf. Doch Ostfrieslands »heimliche Hauptstadt« (mit dem sympathischen Kleinstadt-Flair) will auch Avantgarde sein. So glänzt auf dem Markplatz auch eine 25-m-hohe Metallskulptur mit dem Spottnamen »Tauchsieder«.

Tourist Info: Norderstr. 32, Aurich, Tel. +49 49 41/44 64, www.aurich-tourismus.de

4 Das Ewige Meer

Ein Meer – aber ein Meer im Moor! Das Ewige Meer nördlich von Aurich ist der

Die rote der beiden Zwillings-Windmühlen in Greetsiel versieht ihren Dienst bereits seit 1706. Neben Schrot, Mehl und frischem Mühlenbrot bekommt man dort auch Kaffee und Kuchen.

größte Hochmoorsee Deutschlands. Der 90 ha große, tiefbraune Moorsee liegt inmitten einer faszinierenden Ur-Moorlandschaft, die mit ihrer vielfältigen Flora und Fauna unter Naturschutz steht. Was dort alles wächst, kreucht und fleucht, lässt sich auf einem knapp 2 km langen Rundwanderweg auf Holzbohlen (mit Schautafeln) erkunden. Besonders stimmungsvoll erlebt man das Moor in der Abenddämmerung oder im Nebel – dann scheint die ostfriesische Mythenwelt zum Leben zu erwachen.

Parkplatz: Parkplatzstr. 3, Eversmeer-Holtriem; Führungen: +49 160/2 43 05 42

Beste Reisezeit

An neun »Zugvogeltagen« Mitte Oktober bieten sich jedes Jahr besondere Gelegenheiten, die Bedeutung der ostfriesischen Küstenlandschaft für den internationalen Vogelzug zu erleben (www.zugvogeltage.de), z. B. beim Naturschutzgebiet Leyhörn und dem Nationalpark-Haus Greetsiel (www.nationalparkhaus-greetsiel.info).

5 Leer

Wo das Flüsschen Leda in die Ems mündet, enstand schon vor 1200 Jahren ein Seehafen. Der Museumshafen zeugt heute von Leers langer Geschichte als bedeutendes Zentrum von Handel und Schifffahrt. Die bestens erhaltene Altstadt bezaubert mit ihren Bürgerhäusern, historischen Kirchen und malerischen Gassen. Modellbaufreunde können all das (und bald sogar »ganz Ostfriesland«) auch im Maßstab 1:87 im »Leeraner Miniaturland« bewundern, Deutschlands zweitgrößter Modellanlage (www.leeraner-miniaturland.de).

Tourist Info: Ledastr. 10, Leer, Tel. +49 491/91 96 96 70, www.touristik-leer.de

Hotels

Hotel Hochzeitshaus

Man muss keineswegs heiraten wollen, um sich hier in historischem Flair und gehobenem Komfort wohlzufühlen. Ruhig und zentral liegt die alte, sorgfältig renovierte weiße Villa inmitten eines gepflegten Gartens am Rand der Auricher Altstadt, gegenüber dem Schlosspark.

Bahnhofstr. 4, Aurich, Tel. +49 49 41/60 44 60, DZ ab 120 €, www.hochzeitshaus-aurich.de

Hotel up't Fehn

Günstig zwischen Emden, Leer und Aureich gelegen, ist das gemütliche, gastfreundliche 3-Sterne-Hotel nicht nur für Fahrradfahrer eine ideale Basis für Unternehmungen.

Rudolf-Eucken-Str. 24, Moormerland-Warsingsfehn, Tel. +49 49 54/950 50, ab 80 €, www.hotel-upt-fehn.de

Schokoladenhotel Voss

Wer im »Schokoladenhotel« inmitten der Moorlandschaft des ostfriesischen Ammerlands absteigt, sollte nicht unbedingt Kalorien zählen: Erlesene schokoladige Köstlichkeiten sind eine stete Versuchung. Doch Schokolade kommt hier auch äußerlich zur Anwendung. So locken im Wellnessbereich etwa Schokopeeling oder Sahne-Zimt-Kakao-Bad.

Bahnhofstr. 17, Westerstede, Tel. +49 44 88/51 90, DZ ab 120 €, www.schokoladenhotel.de

20 Emsland

Niedersachsen

Es ist Papenburg nicht unbedingt anzusehen, nicht auf den ersten Blick jedenfalls, dass hier einst große Geschichte geschrieben wurde. Mehrfach sogar. Und eigentlich immer wieder. Von langen Kanälen durchzogen, mit denen einst das Moor entwässert wurde, geschmückt mit schneeweißen Brücken und stolzen Backsteingiebeln, die den Wohlstand des Städtchens an der Ems zu erkennen geben und die Nähe zu den niederländischen Nachbarn, auch im Wesen seiner Bewohner – wer die zufriedene Ruhe hier mit Verschlafenheit verwechselt, der kennt seine Papenburger schlecht! 1913 war es, da begann die ortsansässige Meyer-Werft mit dem Bau eines Dampfschiffs, das die außenpolitischen Interessen des Kaisers in Ostafrika vertreten sollte. Nun ja. Die »Graf Goetzen« wurde also montiert, wieder auseinandergenommen, in 5000 Kisten verpackt und verschifft und endlich am Tanganjikasee unter der Leitung wackerer Schiffsbauer aus Papenburg vom Stapel gelassen. Romane sind über das Abenteuer geschrieben worden, der Film »African Queen« mit Katharine Hepburn und Humphrey Bogart erzählt ein Kapitel der Geschichte. Und Meyer baut immer noch seine Schiffe, immer größere, die größten Kreuzfahrtschiffe der Welt, scheinbar mitten in der grünen Weite des Emslandes, herausgefordert durch die Japaner, die einmal behauptet hatten, sie könnten es besser. Na, da kannten sie aber die Papenburger schlecht …

www.emsland.com

Die Dimensionen eines Kreuzfahrtschiff-Rohbaus beeindrucken in der Meyer-Werft.

1. Papenburg
2. Meyer Werft
3. Naschkes Garten
4. NSG & Gedenkstätte Esterwegen
5. Hünengräberstraße

- Hotel Alte Werft (1)
- Kedi Hotel (2)
- Park Inn by Radisson (3)

1 Papenburg

Gespeicherte Zeit(geschichte) am alten Papenburger Hafen: Im Zeitspeicher wird interaktiv vermittelt, wie Papenburg von der bettelarmen Moorkolonie zur properen 35 000 Einwohner-Stadt geworden ist. Neben der mühsamen Besiedelung des Gebiets steht natürlich der Schiffbau im Vordergrund. Modelle von Schleusen, Kanalstrecken und Kransystemen können von den Besuchern bedient werden. Bis 1973 produzierten Meyers direkt in der Stadt mit ihren rund 33 km Kanälen. Heute präsentieren sich die Straßen auf beiden Seiten des Hauptkanals als schöne Flaniermeilen. Außerdem liegen auf dem Kanal sechs nach Originalplänen aus dem 19. Jh. hergestellte Schiffsnachbauten, darunter die bekannte Brigg »Friederike von Papenburg«.

Tourist Info: Ölmühlenweg 21, Papenburg,
Tel. +49 49 61/839 60, Mo–Sa 9–17,
Apr.–Okt. auch So 9–14 Uhr,
www.papenburg-tourismus.de

2 Meyer Werft

Auf die Idee muss man erst kommen: eine Schiffswerft mitten im Moor zu bauen! Wilm Rolf Meyer hatte sie, als er 1795 seine Werft gründete. Heute entstehen im größten überdachten Baudock der Welt – 504 m lang, 125 m breit, 75 m hoch – riesige Kreuzfahrtschiffe. Es gibt noch ein zweites Trockendock, weitere große und sehr große Hallen für die Vorfertigung und den Sektionsbau und ein Besucherzentrum: Neben detaillierten Schiffsmodellen sieht man auf einer interaktiven Seekarte, wo die gefertigten Pötte gerade kreuzen; Höhepunkt ist der Blick in die gigantische Schiffbauhalle 6 und auf die laufende Produktion. Rund 3300 Mitarbeiter arbeiten für Familie Meyer, die nun seit sieben Generationen Personen- und Frachtschiffe baut, Fähren, Forschungsschiffe, Gastanker und Tiertransporter. Tausende sehen zu, wenn wieder eine der schwimmenden Hotelstädte »ausdockt« und zwischen grünen Deichen Kurs auf die Nordsee nimmt.

Werft: Industriegebiet Süd,
Ecke Rheiderlandstr./Vellager Str., Papenburg,
www.meyerwerft.de (mit Ausdock-Terminen);
Besichtigung nur nach Anm.: Tourist Info,
siehe »Papenburg«

3 Naschkes Garten

Das Paradies liegt gleich neben dem Gewerbegebiet im Osten Papenburgs, es umfasst 10 000 qm und hat alles, was Adam und Eva woanders auch nicht schöner finden: Hügel, Quelle, Bach und Teich, ein Hochmoor, ein Farnbeet und eine alte Gulfscheune aus dem Jahr 1803. Der Besitzer, Herr Naschke, wurde für seinen grünen Daumen mehrfach ausgezeichnet und freut sich über Besuch in seinem frei zugänglichen Garten.

Mittelkanal links 63, Papenburg,
www.naturgarten-naschke.de

Schietwetter-Tipp

Millionen Blumen bilden im Erlebnispark des Pflanzenproduzenten Emsflower (www.emsflower.de) bunte Farbteppiche, im Tropengarten sind exotische Grünpflanzen, Schmetterlinge, Papageien und Kleinvögel zu entdecken. Im Schaugewächshaus werden Züchtungen und Anbau erklärt.

Äußerst fotogen: Die Brigg »Friederike von Papenburg« auf Papenburgs Hauptkanal.

4 Esterwegen: Naturschutzgebiet und Gedenkstätte

Idylle und Grauen liegen manchmal dicht beisammen. Im 5000 ha großen, geschützten Hochmoorgebiet Esterweger Dose leben viele bedrohte Tier- und Pflanzenarten, darunter Goldregenpfeifer und Bekassinen, Sonnentau und Torfmoose. Der gut 1 km lange MoorInfoPfad mit 17 Stationen startet am Parkplatz der zentralen Gedenkstätte der Emslandlager mit ihrem 2011 eröffneten Besucherzentrum. Eindringlich wird hier an die Geschichte der 15 Konzentrations-, Straf- und Kriegsgefangenenlager erinnert.

Hinterm Busch 1, Esterwegen, Nov.–März Di–So 10–17, Apr.–Okt. bis 18 Uhr, www.gedenkstaette-esterwegen.de, www.moorinfopfad.de

5 Hünengräberstraße

In der Moränenlandschaft des Hümmling erhebt sich das 5000 Jahre alte Königsgrab aus den Resten des 24 x 12 m großen Grabhügels. Die Umfassung, Trag- und Decksteine des Megalithgrabs sind gut erhalten, 1955 wurden u. a. Scherben von ca. 330 Tongefäßen der Trichterbecherkultur und 22 Feuerstein-Pfeilspitzen ausgegraben.

Wanderung ab der Landstraße Groß-Berßen bis Hüven, www.strassedermegalithkultur.de

Gewusst, wie

Bei der Tourist Info kann man sich ein Papenburg Rad leihen (8,50 €/Tag) und so das Emsland erkunden.

Hotels

Hotel Alte Werft

Das erste Haus am Ort, gut für Business und Urlaub, wurde 1995 auf dem ehemaligen Gelände der Meyer Werft eröffnet. Beim Frühstück sitzt man unter dem Laufkran der Maschinenbauhalle, alte Stanz- und Bohrmaschinen sorgen im Foyer und im Restaurant »Schnürboden« für Atmosphäre.

Ölmühlenweg 1, Papenburg, Tel. 049 61/92 00, DZ ab 130 €, www.hotel-alte-werft.de

Kedi Hotel

Direkt am Stadtpark bietet das Kedi seit 2012 zeitgemäßen Öko-Komfort zum Preis einer gehobenen Hostel-Übernachtung. Schnelles WLAN gibt's kostenlos dazu. Wer es besonders ruhig haben möchte, bucht ein Zimmer mit Blick auf den Park.

Deverweg 33–37, Papenburg, Tel. 049 61/94 09 70, DZ ab 69 €, www.kedihotels.de

Park Inn by Radisson

Dieses moderne 4-Sterne-Haus begeistert durch seine tolle Lage: Es ist auf drei Seiten von Wasser umgeben – und steht dennoch mitten im Zentrum von Papenburg neben dem Zeitspeicher. Wer sich in der 3. Etage einmietet, darf sich zusätzlich auch noch über einen Dachbalkon freuen.

Hauptkanal rechts 7, Papenburg, Tel. 049 61/664 00, DZ ab 112 €, www.parkinn.de/hotel-papenburg

Gar nicht schaurig: Ein einzigartiges Naturbiotop und eine eigentümliche Landschaft bietet das Goldenstedter Moor.

21 Oldenburg und Oldenburger Münsterland

Niedersachsen

Vielleicht hat er es in Blankenese etwas zu bunt getrieben. Vielleicht war es mit der Toleranz der feinen Leute an der Elbe dann doch nicht so weit her. Tatsache ist: Hamburg hat dem genialen Zeichner, Aquarellisten, Radierer und Lithografen Horst Janssen kein Museum gebaut – die Oldenburger waren schlauer. Haben schnell gehandelt, als die Freunde und Sammler des Künstlers bereit waren, die wunderbaren Naturbilder, Selbstbefragungen und erotischen Studien mit der Öffentlichkeit zu teilen. Waren weitsichtig genug, dem umfangreichen Œuvre ein Museum zu errichten. Und dürfen sich nun freuen, dass der verlorene Sohn Heimat und Ruhe dort gefunden hat, wo er einst aufgewachsen ist. Denn wenn es zwei oder drei Künstler unserer Zeit gibt, da sind Kunstkenner sich einig, die auch im nächsten Jahrhundert noch Bewunderung verdienen – Janssen ist einer von ihnen. Und siehe da: Die Nähe des Künstlers zur Natur, seine windzerzausten Landschaften, die sumpfigen Wiesen und die Blumengebinde – verweist das nicht alles auf die unmittelbare Nachbarschaft? Ist das nicht alles genauso hier zu erleben? Es genügt, sich ein Fahrrad zu nehmen und hinaus in die Landschaft zu fahren …

www.oldenburger-muensterland.de

1 Landesmuseum Natur und Mensch
2 Zitadellenpark Vechta
3 Goldenstedter Moor
4 Industriemuseum Lohne
5 Horst-Janssen-Museum
1 Altera
2 Schäfers Hotel
3 Vila Vita Burghotel

1 Landesmuseum Natur und Mensch

Mensch und Natur: das ist ein zweischneidiges Schwert, denkt man an Umweltverschmutzung und Ähnliches. Das Landesmuseum in Oldenburg zeigt in einer anderen Perspektive, wie sich aus dem Zusammenwirken von Kultur und Natur die einzigartige und vielfältige Landschaft Nordwestdeutschlands mit Mooren, Marschland und abwechslungsreichen Küstenabschnitten entwickeln konnte. Bereiche des Museums befassen sich mit Geologie, Archäologie, Geschichte und Biologie. In der interdisziplinären Ausrichtung wird das Wirken von Mensch und Tier seit der Steinzeit wie Kunst vermittelt.

Damm 38–44, Oldenburg, Di–Fr 9–17, Sa/So 10–18 Uhr, www.naturundmensch.de

2 Zitadellenpark Vechta

Das 22 ha große Parkareal mit der imposanten, zum Teil rekonstruierten Burg- und Wallanlage aus der Barockzeit ist eine der Attraktionen in dem heimeligen Landstädtchen Vechta. Den Mittelpunkt des Zitadellenparks bildet das Zeughaus, in einer Vielzahl von Exponaten eröffnen sich geschichtliche Erlebniswelten. Noch tiefer in die Materie kann man im Castrum Vechtense, der Nachbildung einer mittelalterlichen Burganlage, eintauchen. Mägde und Edelmänner führen durch die Anlage. In Vechta befindet sich übrigens auch der Sitz des Oldenburger Pferdezuchtverbands, jährlich wird hier die Kür der prämierten Junghengste abgehalten.

Zitadelle 15, Vechta, Zeughaus: Di–So 14–18, Castrum: Sa/So 1418 Uhr, www.museum-vechta.de

3 Goldenstedter Moor

Am schönsten ist das Goldenstedter Moor im Frühling, wenn zur Wollgrasblüte weiße Blütentupfer wie Wattebäusche die Wiesen verschönern. Die eigentümliche Landschaft des Hochmoores mit grünen Feuchtwiesen, weiten Sumpf- und Wasserflächen, zwischen Renaturierung und ehemaliger Nutzung der Flächen durch Torfstich, besitzt ihren eigenen Reiz. Hier konnte sich eine einzigartige Flora und Fauna entfalten. Vom Naturschutz- und Informationszentrum (NIZ) beginnen Bummelbahnfahrten durch das Moor.

Arkeburger Str, 22, Goldenstedt, Bahnfahrten: März–Okt., www.niz-goldenstedt.de

Gewusst, wo

Eine nostalgische Draisinenfahrt durch das schöne Naherholungsgebiet Hasetal macht Bein- und Armmuckis. Anstrengungsgrad: ungefähr wie Fahrradfahren. Fahrten sind für zwei bis vier Personen möglich (www.hasetal.de).

Das extravagante Glashaus des Horst-Janssen-Museums in Oldenburg bildet den passenden Rahmen für das Œuvre des eigenwilligen Künstlers.

4 Industriemuseum Lohne

Ein interessantes Museum befindet sich in der Stadt Lohne. Es zeichnet am Beispiel Lohnes und auf drei Etagen die Geschichte der Industrialisierung nach und zeigt in einer modernen Präsentation, welche zum Teil tiefgreifenden Veränderungen diese auf das Leben der Menschen hatte.

Küstermeyerstr. 20, Lohne, Di–So 14–18, Do bis 20 Uhr, www.industriemuseum-lohne.de

5 Horst-Janssen-Museum

Horst Janssen (1929–1995), herausragender Zeichner und Grafiker und exzessiv Arbeitender, wuchs in Oldenburg auf. Die Stadt hat ihrem berühmten Sohn 2000 ein eigenes Museum gewidmet. Die Dauerausstellung (neben bedeutenden Sonderausstellungen) umfasst zahlreiche Originalwerke aus dem umfangreichen Werk des genialen Künstlers. Das Horst-Janssen-Museum ist mit dem Stadtmuseum Oldenburg räumlich verbunden.

Am Stadtmuseum 4–8, Oldenburg, Di–So 10–18 Uhr, www.horst-janssen-museum.de

Gewusst, wie

Das Oldenburger Münsterland ist auch ein Fahrradland. Ausgewiesene Touren von leicht bis anspruchsvoll und ein Wegenetz mit mehr als 4000 Streckenkilometern machen die Gegend besonders fahrradfreundlich.

Hotels

Altera
Gepflegtes Hotel im Stadtkern von Oldenburg. Man kann je nach Größe und Preis zwischen verschiedenen Zimmerkategorien auswählen: »Cube« ist in der Ausstattung auf das Wesentliche konzentriert und funktional. »Medium« bietet eine durchschnittliche Zimmergröße und »Large« den Comfort eines Vier-Sterne-Hotels.
Herbartgang 23, Oldenburg, Tel. +49 441/21 90 80, DZ ab 119 €, www.altera-hotels.de.

Schäfers Hotel
Von außen etwas unscheinbar, innen einladend und gemütlich gestaltet, bietet das Schäfers Hotel eine preiswerte Übernachtungsmöglichkeit in Vechta. Die Zimmer sind modern eingerichtet und ruhig. Gleich hinter dem Hotel befindet sich der zugehörige Parkplatz.
Große Str. 115, Vechta, Tel. +49 44 41/928 30, DZ ab 80 €, www.hotel-schaefers.de

Vila Vita Burghotel
Etwas abseits im Grünen befindet sich das Vier-Sterne-Hotel, für Ruhe- und Erholungssuchende daher besonders geeignet. Die großzügig geschnittenen Zimmer lassen viel Freiraum. Schön ist auch die »Burgtherme« mit Sauna, Panorama-Schwimmbad und Vitaminbar.
Burgallee 1, Dinklage, Tel. +49 44 43/89 70, DZ ab 180 €, www.vilavitaburghotel.de

22 Bremen

Bremen

Wo der ehemalige Bürgermeister eine Alten-WG gründet. Wo der Kaffeehändler eine Universität stiftet. Wo Anwohner sich zusammentun, kämpfen, auch eine Mehrheit im Stadtrat noch überzeugen – und schließlich ein ganzes Viertel vor der Abrissbirne bewahren: Das ist Bremen. Und streng genommen bezeichnet der Name eher eine komplexe Charakterstruktur als eine Stadt: unabhängig und weltoffen, verlässlich, gelassen und stur. Hanseatisch eben, wobei die Bremer vielleicht noch ein bisschen hanseatischer sind als die Bürger so manch anderer Perle des mittelalterlichen Bundes norddeutscher Handelsstädte. Zur Not muss Werder Bremen eben zeigen, dass die Leute im kleinsten und nicht unbedingt reichsten Bundesland sicher nicht die mit dem geringsten Witz sind. Die Kunst spielt hier eine tragende Rolle, ebenso die reiche Geschichte von Bürgertum und Wohlstand und das in langer Kaufmannstradition gewachsene Bewusstsein, dass gute Geschäfte nur macht, wer seinem Partner mit Respekt begegnet. Auf dem Marktplatz wacht seit über 600 Jahren der steinerne Roland über die Rechte der Stadt. Sein Blick ist auf den Dom geheftet; für freiheitsbewusste Bürger liegt darin schon eine Beruhigung. So sind sie eben, die Bremer. Das Viertel übrigens, das von seinen Bewohnern vor vielen Jahren so heldenhaft verteidigt wurde, heißt hier genau so: »das Viertel«. Wer Bremen kennenlernen will als eine Art, der Welt zu begegnen, der mache sich auf den Weg dorthin.

www.bremen-tourismus.de

Mittelpunkt des Bremer Marktplatzes ist die 1404 errichtete steinerne Rolandsstatue.

1 Weserburg
2 Universum
3 Kunsthalle
4 botanika
5 Bremer Geschichtenhaus
Hotel 1 Swissotel
Hotel 2 Überfluss
Hotel 3 Villa Linnenschmidt

1 Weserburg

Wie ein Schiffsbug ragen am Ende des Stadtwerders die alten Speicherhäuser auf. Bremens Weserburg ist schon von außen imposant, von innen beeindruckt das Museum mit wechselnden, kontrastreichen Ausstellungen zur modernen Kunst. Gezeigt werden ausschließlich Bilder und Objekte aus privaten Sammlungen. Hierauf beruht auch das Konzept des Museums – Werke nicht nach ihrer kunsthistorischen Einordnung, sondern thematisch miteinander zu gruppieren. Dadurch entsteht in der Wechselwirkung der verschiedenen Künstler und Stile ein neuartiger Zugang zu den Werken.

Teerhof 20, Bremen, Di–So 11–18, Do 11–20 Uhr, www.weserburg.de

2 Universum

Im Jahr 2000 tauchte ein silberner Wal zwischen der Bremer Uni und dem Bürgerpark auf: das Science Center »Universum«, eine naturwissenschaftliche Erlebniswelt, die sich mit den Phänomenen des Alltags beschäftigt: Technik, Mensch und Natur heißen daher die drei Themenbereiche

Beste Reisezeit

Ende Oktober ist die Zeit des Freimarkts, und die »fünfte Jahreszeit« bricht mit dem »größten Volksfest des Nordens« an. Seit 1035 feiern die Bremer 17 Tage lang gebührend die Marktgerechtigkeit ihrer Stadt (www.freimarkt.de).

Faszination Naturwissenschaft im »Science Center« Universum.

che. Eine Sonderausstellungsfläche wurde in der SchauBox eingerichtet – mit ihrer eckigen Architektur ein großer Kontrast zur organischen Silhouette des »Universums«. Im Park befindet sich der 27 m hohe »Turm der Lüfte«. In ihm erfährt man, wie die Atmosphäre funktioniert.

Wiener Str. 1a, Bremen, Mo–Fr 9–18, Sa/So 10–18 Uhr, www.universum-bremen.de

Gewusst, wie

Böttcherstraße – das ist Bremens expressionistisches Gesamtkunstwerk und heimliche Hauptstraße. Auf Führungen lassen sich verborgene Winkel entdecken, vermittelt werden interessante Anekdoten sowie weniger bekannte Hintergrundinfos (www.boettcherstrasse.de).

3 Kunsthalle

Meisterwerke aus über 600 Jahren Kunstgeschichte sind in hier ausgestellt. Eine Sonderstellung nimmt unter diesen das Kupferstichkabinett ein: Mehr als 200 000 Handzeichnungen machen es zu einer der bedeutendsten Sammlungen Europas.

Am Wall 207, Bremen, Mi–So 10–17, Di 10–21 Uhr, www.kunsthalle-bremen.de

4 botanika

Bremens »Grünes Science Center« befindet sich im Rhododendron-Park. Hier lässt sich die erstaunliche Welt der Pflanzen entdecken; auch ungewöhnliche Perspektiven sind erlaubt: So kann man sich z. B. im Entdeckerzentrum in eine Fliege versetzen, die einer fleischfressenden Pflanze auf den Leim gegangen ist.

Deliusweg 40, Bremen, Mo–Fr 9–18, Sa/So 10–18 Uhr, Rhododendronpark tgl. 7 Uhr–Sonnenuntergang, www.botanika-bremen.de

5 Bremer Geschichtenhaus

Wie war das, als die Pest in Bremen ausbrach? Geschichte erlebt man live im Geschichtenhaus. Berühmte Persönlichkeiten Bremens, dargestellt von Laienschauspielern, erzählen lebendig von damals.

Wüstestätte 10, Bremen, Mo 12–18, Di–So 11–18 Uhr, www.bremer-geschichtenhaus.de

Hotels

Swissotel
Vom sehr großen, modernen Business- und Kongresshotel am Stadtgraben gegenüber den Wallanlagen ist man in kürzester Zeit zu Fuß in der Bremer Altstadt. Wer mit dem Auto anreist, muss allerdings ein Stück gehen: Der Stellplatz befindet sich im öffentlichen Parkhaus 100 m weiter.
Hillmannpl. 20, Bremen, Tel. +49 421/62 00 00, DZ ab 109 €, www.swissotel.de/hotels/bremen

Überfluss
Mittlerweile ist es auch schon klassisch: das Designhotel direkt an der Weser. Absolute Schau ist das Duscherlebnis in den Zimmern – mit Blick auf den Fluss. Das Spa bietet einen Pool, Dampfbad, finnische Sauna und Fitnessraum. Im Restaurant werden die Steaks auf Holzkohle gegrillt.
Langenstr. 72, Bremen, Tel. +49 421/32 28 60, DZ ab 139 €, www.hotel-ueberfluss.de

Villa Linnenschmidt
Der Geheimtipp nordöstlich der Altstadt: eine Gründerzeitvilla mit nur sechs Zimmern und zwei Suiten, alle wunderbar renoviert, äußerst geschmackvoll eingerichtet und individuell. Mit der Tram ist man in wenigen Minuten in der Innenstadt.
Schwachhauser Heerstr. 157, Bremen, Tel. +49 421/56 34 83 87, DZ ab 154 €, www.villa-linnenschmidt.de

Science-Fiction an der Weser: Über dem runden Klimahaus greift das Atlantic Hotel Sail City nach den Sternen.

23 **Bremerhaven**

Bremen

Vielleicht gibt es dem einen oder anderen Stoff zum Nachdenken, dass einst wir selbst es waren, Menschen aus Deutschland, die ihr Glück und eine Zukunft in fernen, fremden Ländern suchten. Und Bremerhaven war der Ort, an dem sie ihrer Heimat Adieu sagten und ein Schiff in die neue Welt bestiegen. Das ging so über Jahrhunderte, und es waren über sieben Millionen Emigranten. Ihre Geschichten, ihr Schmerz und ihre Hoffnungen sind im Auswandererhaus nachzuerleben – aber auch die Schicksale derer, die zu uns kamen, sich eine Existenz aufbauten und ihren Teil zum Aufstieg des Landes beitrugen. Und unversehens findet sich der Besucher in einem historischen Panorama, das eben nicht nur von Verlust erzählt, sondern auch von Zuversicht und Wirtschaftswunder. Für eine Stadt am Meer liegen solche Verknüpfungen eigentlich nahe. Immer ist gerade hier besonders früh und besonders deutlich zu spüren, wie es um den Rest des Landes steht – ob es vorwärts geht oder der Wind von vorne kommt. An den Umschlagplätzen des Hafens zum Beispiel, dem Containerterminal, an dem selbst die größten Schiffe der Welt gelöscht und beladen werden können. Oder am Autoterminal mit seinen Parkflächen bis zum Horizont. Bremerhaven kämpft. Und wer sich nicht stört am Wind, der vom Meer über das flache Land weht, der wird seine Freude haben an den tollen Mitmach-Museen, einer bisweilen atemberaubenden Architektur, an der sattgrünen Wesermarsch, am Reiten, Segeln und, ja, auch an der rosarot-fischigen Seefahrer-Spezialität Labskaus.

www.bremerhaven.de

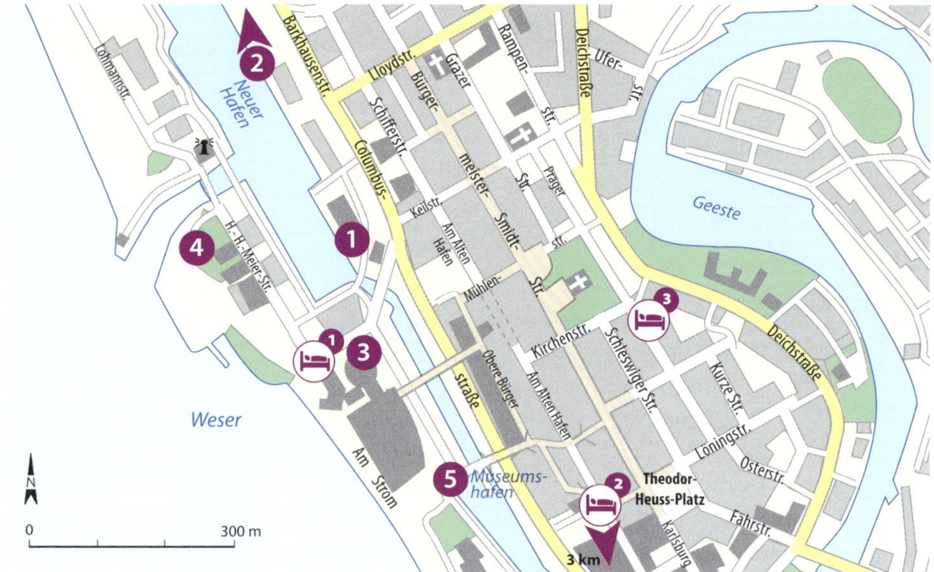

1. Auswandererhaus
2. Überseehäfen
3. Klimahaus
4. Zoo am Meer
5. Museumshafen

- Atlantic Sail City (1)
- Best Western Plus (2)
- Hotel Haverkamp (3)

1 Auswandererhaus

7,2 Millionen Menschen verließen zwischen 1830 und 1974 von Bremerhaven aus die Alte Welt, um in der Neuen ihr Glück zu finden. Ihren Schicksalen widmet sich das Auswandererhaus. Was es bedeutete, sich in einem fremden Land zurechtfinden zu müssen, wird anhand 34 realer Familiengeschichten vermittelt. Die Reise beginnt mit dem stimmungsvoll inszenierten Abschied an der Gangway, sie setzt sich über die Passage unter Deck und die gnadenlosen Einreiseformalitäten auf Ellis Island vor New York fort und endet beim Leben der Nachkommen jenseits des Atlantik. Mittels elektronischem »Boarding Pass« folgt man den Wegen der Auswanderer. Besucher haben auch die Möglichkeit zur eigenen Familienforschung.

Columbusstr. 65, Bremerhaven, März–Okt. tgl. 10–18 Uhr; Nov.–Feb. 10–17 Uhr, www.dah-bremerhaven.de

2 Überseehäfen

Gleich gegenüber vom Auswandererhaus beginnen die Rundfahrten durch die riesige Anlage der Überseehäfen. Am spektakulärsten ist natürlich der Containerhafen mit der Parade imposanter Containerbrücken – es handelt sich um das längste zusammenhängende Container-Terminal der Welt. Das Auto-Terminal, gleich nebenan, ist Umschlagplatz für mehr als 1,3 Mio. Autos jährlich. Dann sind da noch das Frucht-Terminal und natürlich das Kreuzfahrt-Terminal, historisches Tor zur Neuen Welt. Wo die Dampfer des Norddeutschen Lloyd früher zu ihren Wettfahrten um das »Blaue Band« für die schnellste Atlantiküberquerungen starteten, legen heute Kreuzfahrer zu Touren nach Norwegen an.

H.-H.-Meier-Str. 4, Bremerhaven, März–Nov., Tel. +49 471/41 58 50, www.hafenrundfahrt-bremerhaven.de

3 Klimahaus

Das »Haus« sieht aus wie eine Amöbe, ist aber erheblich größer – schließlich findet die ganze Welt hier Platz. Bemerkenswert ist das Ausstellungskonzept: Besucher begeben sich auf eine Reise entlang des 8. Längengrads. Und das geschieht nicht nur virtuell vor interaktiven Bildschirmen,

Beste Reisezeit

Am letzten Aprilwochenende steigt im Schaufenster Fischereihafen das große Festival der Meerestiere – mit einer kulinarischen Bummelmeile entlang des Hafenbeckens, einem großen Fischbett aus Eis und abwechslungsreicher Live-Musik auf zwei Bühnen (www.fischparty-bremerhaven.de).

Auf Miniaturgröße geschrumpft, lassen sich im Klimahaus ungewohnte Facetten des »Mikrokosmos« Wiese entdecken.

sondern sinnlich-real, zum Sehen, Hören, Fühlen. Die Reise hat neun Stationen auf unterschiedlichen Breitengraden. In Sardinien zum Beispiel entdeckt man duftende Wiesen, in der feuchtwarmen Dschungelluft Kameruns schleicht man schwitzend durch den Regenwald – einmal rundherum bis zurück an die heimatliche Nordsee.

Am Längengrad 8, Bremerhaven, Apr.–Aug. Mo–Fr 9–19, Sa/So 10–19, Sept.–März tgl. 10–18 Uhr, www.klimahaus-bremerhaven.de

4 Zoo am Meer

Nicht nur die tolle Lage zwischen Hafenbecken und Meer, sondern auch eine Vielzahl von Meerestieren macht den Zoo am Meer so beliebt. Von 2000 bis 2004 wurde die Anlage neu konzipiert und komplett umgebaut, sodass nun auch Eisbären, Basstölpel und Robben, Schimpansen, Pumas und Keas den Zoo bevölkern. Zuletzt kamen im Jahr 2013 noch neun Seewasseraquarien dazu. Toll ist auch die Aussichtsplattform über der Wesermündung.

H.-H.-Meier-Str. 7, Bremerhaven, Apr.–Sept. tgl. 9–19, März und Okt. 9–18, Nov.–Feb. 9–16.30 Uhr, www.zoo-am-meer-bremerhaven.de

5 Museumshafen

Bremerhavens ältester Seehafen ist zugleich auch ein Freilichtmuseum. Fast alle der historischen Schiffe aus dem 19. und 20. Jh. können von innen besichtigt werden: z. B. der letzte hölzerne Handelsgroßsegler, das U-Boot Wilhelm Bauer aus dem Jahr 1945 oder die Barke »Seute Deern« von 1919.

Hans-Scharoun-Pl. 1, Bremerhaven, März bis Okt., tgl. 10–18 Uhr, www.dsm.museum

Gewusst, wo

Das Schaufenster Fischereihafen ist Bremerhavens erste Adresse für feine Fischspezialitäten. Wer erfahren möchte, wie man diese perfekt zubereitet, besucht das Seefischkochstudio (Am Schaufenster 6, Bremerhaven, www.seefischkochstudio.de, für Einzelpersonen und Gruppen).

Hotels

Atlantic Sail City
Das moderne Wahrzeichen von Bremen steht zwischen Neuem Hafen und Museumshafen und bringt einen Hauch von Dubai ans Ufer der Weser: Wie ein geschwungenes Segel aus Stahl und Glas ragt das Gebäude bis zur Aussichtsplattform in 90 m Höhe hinauf. Hinter den Panoramafenstern schläft man in eher kleinen, funktionalen Zimmern.
Am Strom 1, Bremerhaven, Tel. +49 471/30 99 00, DZ ab 129 €, www.atlantic-hotels.de

Best Western Plus
Schicker neuer Hotelriegel mit 94 Zimmern und großen Glasfronten nahe dem Schaufenster Fischereihafen. In den Zimmern der Superior-Kategorie schaut man über den Hafen. Schöne Terrasse unmittelbar über dem Wasser.
Fischkai 2, Bremerhaven, Tel. +49 471/80 93 53 00, DZ ab 101 €, www.bestwestern.de

Hotel Haverkamp
Familienbetrieb mit sehr gutem Service in der Innenstadt. Kleiner, feiner Spa-Bereich mit Schwimmbad, Sauna und Aroma-Dampfbad. Im ambitionierten Hotelrestaurant »Weinrot« kommen Veganer, Vegetarier, Fischesser und Flexitarier gleichermaßen auf ihre Kosten.
Prager Str. 34, Bremerhaven, Tel. +49 471/30 99 00, DZ ab 144 €, www.hotel-haverkamp.de

24 Cuxhaven mit Helgoland

Niedersachsen

Natürlich wünscht man sich Sonnenschein und eine sanfte Brise, wenn es mit einem Pferdegespann von Cuxhaven über den quatschnassen Sand hinüber zur Insel Neuwerk geht. Endlose Weite, gleißendes Licht, Vogelschwärme am Horizont. Ein bisschen gruselig allerdings die Vorstellung, hier von Flut oder Sturm überrascht zu werden. Aber der Mann auf dem Bock kennt sich aus, und die Gezeiten kommen und gehen so zuverlässig wie vor einer Million Jahren. Das Wattenmeer mit seinen Seehundbänken gehört zum Weltnaturerbe der Unesco; wer die Augen öffnet, findet sich in einem Paradies wieder. Dass die Natur auch anders kann – das lässt sich viel angenehmer im Museum erleben, wo haushohe Brecher und schäumende Gischt bei Windstärke 10 nur Abbild und Simulation sind. Aber kaum weniger eindrucksvoll. Wer das Meer bewundert, der tut es respektvoll. Vom Fähranleger Alte Liebe geht es hinaus zur roten Felseninsel Helgoland; im Fischereihafen lässt sich begutachten und genießen, was die See an Köstlichkeiten zu bieten hat: Makrele, Scholle und natürlich Krabben. Und vom Aussichtspunkt an der Kugelbake oder selbst aus dem Liegestuhl an einem der wunderbar weißen Sandstrände erkennt der versierte Schiffsbeobachter, wie es um die Konjunktur im Lande steht: Alles ist gut, wenn hoch beladene Containerriesen die Elbe hinab aus dem Hamburger Hafen kommen.

www.cuxhaven.de

10 bis 12 km sind es durchs Watt von Cuxhaven bis zur Leuchtturm-Insel Neuwerk.

1. Kugelbake
2. Fischereihafen
3. Neuwerk
4. Wattenmeer-Besucherzentrum
5. Museum »Windstärke 10«
6. Otterndorf
7. Cuxhavener Strände
8. Helgoland

- 1 Hotel Wattenkieker
- 2 Hotel Muschelgrund
- 3 Havenhostel

1 Kugelbake

Das auffällige Seezeichen an der Elbmündung dient vorbeifahrenden Schiffen zur Orientierung – und ist ein herrlicher Aussichts- und Ausgangspunkt für die Erkundung Cuxhavens. Fast 30 m ragt der Holzturm in die Luft und versucht, Stürmen und Fäulnis zu trotzen. Kein Wunder, dass seit der ersten Errichtung, 1703, zahlreiche neue Kugelbaken herhalten mussten. Die Cuxhavener lieben ihr Wahrzeichen, seit 1913 ist es im Stadtwappen verewigt.

hinter Fort Kugelbake, Cuxhaven

2 Fischereihafen

Geschäftig geht es am Fischereihafen zu, am neuen wie am alten. In letzterem löschen Krabbenkutter ihren frischen Fang, der in umliegenden Restaurants und Läden gleich verarbeitet wird. Zwar sind am Alten Fischereihafen Teile der baufälligen Kaianlagen gesperrt, doch die alten Fischereihallen VII und VIII erstrahlen in neuem Glanz. Vom Elbanleger »Alte Liebe« aus dem 18. Jh. lassen sich beim Blick auf die breite Elbmündung große und kleine Schiffe erspähen. Über Größe und Herkunft informiert der Schiffsansagedienst (Apr.–Okt. tgl. 10–19 Uhr). Daneben steht der stählerne Semaphor (»Zeichenträger«), der einst mit den Buchstaben B (für Borkum) und H (für Helgoland) den Schiffen kundtat, woher und wie stark der Wind weht. Obwohl Kapitäne sich schon lange auf moderne Technik stützen, wird der Wind-Semaphor weiterbetrieben. Außer Dienst ist dagegen das hier liegende Feuerschiff »Elbe 1«, das von 1948 bis 1988 als eine Art schwimmender Leuchtturm andere Schiffe um Sandbänke in der Elbmündung herumleitete.

Am Alten Hafen, Cuxhaven, www.cuxhaven.de

3 Ausflug nach Neuwerk

Wattenmeer live – eindrucksvoller als auf einer Wattwanderung zur Insel Neuwerk kann man den Nationalpark im Unesco-Welterbe Wattenmeer kaum erleben. Nur Erfahrene sollten bei richtiger Tide (Start ca. 2 Std. vor Niedrigwasser) und klarem Wetter die Tour über den 10–12 km langen Wattweg unbegleitet unternehmen, sicherer ist sie mit Wattführer. Die Route ist mit Pricken markiert, den etwa 2–3 m hohen Baumbesen, die bei Flut im Meer verschwinden. In der Ferne ziehen Schiffe vorbei, und mit jedem schmatzenden Schritt nähert man sich dem wuchtigen Neuwerker Leuchtturm (1310 von der Hansestadt Hamburg errichtet, zu der die Insel auch rechtlich gehört). Bequemer kann man das Watt per Pferdekutsche überqueren. Für die Rückfahrt legt dann bei Flut die MS Flipper in Neuwerk an, sodass Besucher sich auf der kleinen Insel (40 Einwohner, Gaststätten, Nationalpark-Haus) umschauen können, bevor sie per Schiff nach Cuxhaven zurückkehren.

www.mein-neuwerk.de; Wattführer: www.nationalpark-wattenmeer.de; Wattwagenfahrten: Tel. +49 47 21/290 76, mind. einmal tgl., www.wattwagenfahrten.de (mit Abfahrtszeiten); MS Flipper: Tel. +49 47 21/66 76 00, fast tgl., www.cassen-eils.de

Schietwetter-Tipp

Im Thalassozentrum »ahoi!« (Wehrbergsweg 32, Cuxhaven, www.tourismus.cuxhaven.de) mit Meerwasser- und Wellenbad, zahlreichen Anwendungen mit Meersalz, Sauna und Fitnessbereich lässt sich locker ein ganzer (Regen-)Tag verbringen.

Der Klippenrandweg auf dem Helgoländer Felsen bietet in schwindelnder Höhe einmalige Ausblicke auf die brütenden Trottellummen- und Basstölpel-Kolonien.

4 Wattenmeer-Besucherzentrum Cuxhaven

Spätestens nach einer Wattwanderung dürfte die Faszination der Naturlandschaft groß genug sein, um mehr übers Meer erfahren zu wollen. Auf drei Etagen stillt das »Unesco-Weltnaturerbe Wattenmeer-Besucherzentrum« nahe des Sahlenburger Strands den Wissensdurst, und das auf überaus unterhaltsame Weise mit Seewasseraquarien, vielen Modellen und interaktiven Objekten. Wen es dann nach draußen zieht, der hat die Wahl zwischen verschiedenen spannenden Exkursionen ins Watt, über die Salzwiesen oder durch die Heide.

Nordheimstr. 200, Cuxhaven-Sahlenburg, Apr.–Okt. Mo–Fr 10–18, Sa/So 12–18, Nov.–März Mo–Fr 10–16, So 12–16 Uhr, www.wattbz.cuxhaven.de

5 Museum »Windstärke 10«

»Schwerer Sturm«, dafür steht Windstärke 10 auf der Beaufort-Skala. Was dieser früher angerichtet hat, wird im Cuxhavener Erlebnismuseum bei den alten Fischereihallen sehr anschaulich und interaktiv erklärt. Man sieht u. a. Fundstücke gesunkener Schiffe und Orkan-Bilder, die anspruchsvolle Arbeit der Seenotretter und

Hotels

Hotel Wattenkieker
Das 3-Sterne-Haus liegt am Sahlenburger Strand, jedes Zimmer besitzt einen Balkon und Ausblick aufs Meer. Schon seit 1962 erfreut sich der Familienbetrieb großer Beliebtheit, ist aber mit der Zeit gegangen: In den letzten Jahren wurde viel umgebaut, erneuert und ein Schwerpunkt auf nachhaltige Energiegewinnung und regionale Produkte gesetzt. An kalten Tagen wärmen die Infrarot-Wärmekabine und die Sauna.
Am Sahlenburger Strand 27, Cuxhaven, Tel. +49 47 21/20 00, DZ ab 75 €, www.wattenkieker.de

Hotel Muschelgrund
Ebenfalls am Sahlenburger Strand, in zweiter Reihe zum Wasser, liegt das 4-Sterne-Garni-Hotel. Die Einrichtung ist modern und freundlich, die Atmosphäre familiär. Der neu gestaltete Wellnessbereich mit zwei Saunen lädt zum Entspannen und das Schwimmbad im Partnerhotel Strandhus zum Sporteln ein.
Muschelgrund 1, Cuxhaven, Tel. +49 47 21/20 90, DZ ab 75 €, www.muschelgrund.de

Havenhostel
Urban, sympathisch und jung ist das Ambiente in Cuxhavens erstem Hostel (2014 eröffnet) mit Blick auf Kutter, Elbmündung und die Alte Liebe.
Kapitän-Alexander-Str. 16, Cuxhaven, Tel. +49 47 21/667 00, DZ ab 66 €, www.havenhostel-cuxhaven.de

Fischer ist dokumentiert und Gäste erleben hautnah eine stürmische Fangfahrt. Natürlich erfährt man auch, wie heute mit den Gefahren der See, aber auch Problemen wie Überfischung umgegangen wird.

Ohlroggestr. 1, Cuxhaven, Apr.–Okt. tgl. 10–18, Nov.–März Di–So 10–17 Uhr, www.windstaerke10.net

6 Otterndorf

In Otterndorf lassen sich die gemächlich dahinziehenden großen Schiffe von und nach Hamburg besonders gut beobachten, denn die Gezeiten wirken hier sehr stark – so scheinen am Grünstrand vor dem Deich Passagierschiffe, Frachter, Tanker, Yachten oder U-Boote bei Ebbe fast zum Greifen nah. Auch die Altstadt mit den gut erhaltenen (Fachwerk-)Häusern und der St. Severi-Kirche ist sehr sehenswert.

Tourist Info: Rathauspl. 1, Otterndorf, Tel. +49 47 51/91 91 31, www.otterndorf.de

7 Cuxhavener Strände

Seit 1816 ist Cuxhaven Seebad und besitzt herrliche Sand- und Grünstrände. Am Abschnitt zwischen Sahlenburg und Duhnen ist tendenziell weniger los, schön sind auch die Strände entlang der Bucht von Grimmershörn oder im Kurteil Altenbruch. Egal für welchen Strand die Entscheidung fällt, im Strandkorb wird es gemütlich.

Info sowie Kur- und Strandordnung: www.tourismus.cuxhaven.de

8 Helgoland

Helgoland ist die ungewöhnlichste aller Inseln in der Deutschen Bucht: Ein einsamer Felsblock mitten in der Nordsee, rund 70 km vom Festland entfernt, auf dem man zollfrei einkaufen kann. Gerade einmal 1 qkm klein ist die Insel. 300 000 Besucher kommen im Jahr, meist Tagesgäste. So genießt man ab 16 Uhr auf der Insel meistens eine tiefe Ruhe. Die Hochseeinsel erstreckt sich auf zwei Ebenen: Besucher kommen im Südhafen an (mit Blick auf die farbenfrohen ehemaligen Hummerbuden), im »Unterland«, wo sich auch Rathaus, Post, Banken, Hotels und Geschäfte befinden. Am Ende der Hauptachse Lung Wai gelangt man über öffentliche Treppe oder Fahrstuhl hinauf zum »Oberland«, wo die meisten Insulaner wohnen. Dort oben stehen die beiden Kirchen, das lohnende Inselmuseum und die berühmte Vogelwarte. Das grüne Oberland hat man auf dem Klippenrandweg in ca. einer Stunde umrundet. Der hohe rote Fels an der äußersten Inselspitze, die Lange Anna, ist Helgolands Wahrzeichen. Von Mai bis Juli brütet und lärmt hier eine Kolonie Dreizehenmöwen. Der benachbarte Lummenfelsen beherbergt eine in Deutschland einzigartige Kolonie von Basstölpeln und Trottellummen, mit Tausenden von Brutpaaren. Ein Highlight für Naturfreunde sind die Lummentage Ende Juni, wenn die noch flugunfähigen Jungvögel sich vom Brutplatz am Felsen in die Tiefe stürzen, um schwimmen zu lernen.

Tourist Info: Lung Wai 28, Helgoland, www.helgoland.de; Schifffahrten: Tel. +49 47 21/66 76 00, fast tgl., www.cassen-eils.de

25 Altes Land

Niedersachsen

Doch, liebe Spötter und Skeptiker aus dem selbstgenügsamen Süden: Die Stadt mit Namen Buxtehude gibt es tatsächlich. Und dass sich der Wettlauf zwischen dem Hasen und dem Igel irgendwo hier zugetragen hat, in der reichen, grünen Natur der Elbmarsch hinter den Deichen – das ist mehr als plausibel. Es entspricht dem Naturell der Leute hier: schlagfertig, witzig und schlau. Buxtehude selbst ist ein Kleinod, Stade mit seiner Altstadt und dem Schwedenspeicher ebenso. Und die Fachwerkhäuser in Jork und drum herum sind einfach Prachtstücke. Wir aus Hamburg fahren gern mal über die Elbe ins Alte Land, zur Kirschblüte oder wenn das Obst reif ist und Erdbeeren, Himbeeren und schließlich Äpfel überall am Wegesrand zu kaufen sind, kistenweise. Das ist jedes Mal ein wunderschöner Ausflug, eine Radtour mit reicher, duftender Beute, und der ofenwarme Pflaumenkuchen unter Obstbäumen irgendwo auf einem Bauernhof – einfach zu köstlich, um wahr zu sein. Wir überlegen noch, ob wir solche Geheimnisse überhaupt preisgeben sollten.

www.urlaubsregion-altesland.de, www.tourismus-altesland.de

Im Frühling wird das Alte Land zu einem wogenden Meer blühender Bäume: vor den Häusern ebenso wie in den Obstplantagen.

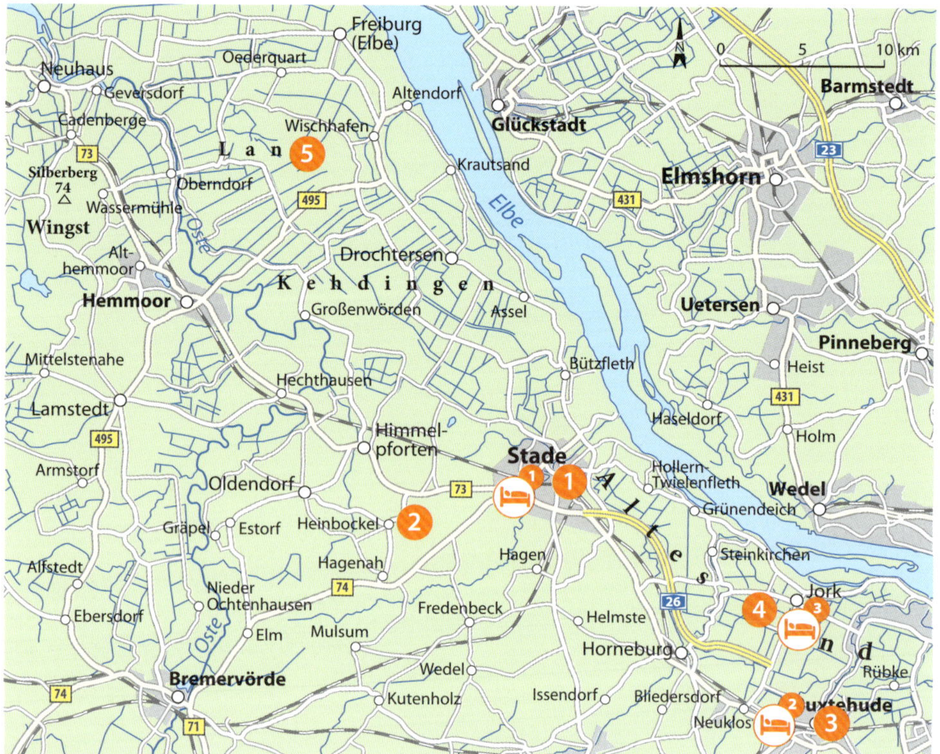

1 Stade
2 Stader Geest
3 Buxtehude
4 Obstanbau bei Jork
5 Kehdinger Land
Hotel Am Fischmarkt
Hotel Zur Mühle
Hotel Altes Land

Beste Reisezeit

Faszination pur ist im Frühjahr die Blüte im Obstgarten Altes Land. 15 Millionen Obstbäume verwandeln die Landschaft in ein Blütenmeer. Während der Erntezeit überraschen Obsthöfe, Hofläden und die regionale Gastronomie und Hotellerie mit kulinarischen Genüssen und Landerlebnissen.

1 Stade

Die Hafen-, Handels- und Hansestadt ist seit mehr als 1000 Jahren wirtschaftlicher und kultureller Mittelpunkt des Alten Landes. Stades lange, wechselvolle Geschichte (wie der große Stadtbrand, die dänische oder die schwedische Herrschaft) tritt an vielen Stellen zutage. Spannend aufbereitet wird sie im preisgekrönten Museum »Schwedenspeicher« am Hansehafen. Eine faszinierende Verbindung zur Jetztzeit schlägt nicht weit davon das »Kunsthaus«: In den prächtigen Fachwerkbau von 1667 sind Spitzenwerke der klassischen Moderne und die Gegenwartskunst eingezogen.

Tourist Info: Hansestr. 16 (am Hafen), Stade, Tel. +49 41 41/40 91 70, www.stade-tourismus.de, www.museen-stade.de

2 Stader Geest

Endlose Wälder, stille Hochmoore, romantische Bäche und Teiche: Die dünn besiedelte Landschönheit der Stader Geest hält besondere Natur- und Landerlebnisse bereit. So bieten im Flecken Harsefeld die Überreste des mittelalterlichen Benediktinerklosters und dessen weitläufiger, idyllischer Klosterpark ein außergewöhnliches Zusammenspiel von Natur und Kultur.

Tourist Info: Herrenstr. 25, Harsefeld, Tel. +49 41 64/88 71 35, www.harsefeld.de, www.stade-tourismus.de

3 Buxtehude

»Ick bün all hier!« Vor den Toren von Buxtehude haben sich Hase und Igel angeblich ihr legendäres Wettrennen geliefert. Stolz trägt Buxtehude daher den Titel Märchenstadt. Noch stolzer ist man, seit 2014 wieder offiziell als Hansestadt zu firmieren. Bis in die 1960er-Jahre befuhren hölzerne Ewer (die für die Niederelbe typischen plattbodigen Frachtsegler) den grachtenartigen Hansehafen in der Altstadt. Heute ist nur noch die liebevoll restaurierte

Nicht nur Fachwerk-, sondern auch noch Backstein-Romantik: Hinter der Fassade des Buxtehuder Heimatmuseums gibt es viel Wissenswertes zu entdecken.

»Margareta« dauerhaft vertäut. Von der mittelalterlichen Blütezeit der Hanse zeugen indes viele Bauten, wie prachtvolle Fachwerkhäuser, der imposante Marschtorzwinger, das Rathaus und natürlich die eindrucksvolle St. Petri-Kirche. Buxtehude ist auch eine Stadt der Backsteingotik.

Tourist Info: Breite Str. 2, Buxtehude, Tel. +49 41 61/501 23 45, www.buxtehude.de

4 Obstanbau

Rund 15 Mio. Obstbäume wachsen im Alten Land, Deutschlands größtem zusammenhängenden Obstanbaugebiet. Neben Äpfeln bauen die ca. 450 Obstbauern hier Kirschen, Pflaumen und Beeren an. Als heimliche Hauptstadt des Alten Landes gilt der schmucke Fachwerk-Ort Jork. Zahlreiche Obsthöfe öffnen ihre (oft traditionell prunkvoll gestalteten) Tore gerne für Besucher.

Tourist Info: Osterjork 10, Jork, Tel. +49 41 62/91 47 55, www.jork.de, www.tourismus-altesland.de

5 Natur im Kehdinger Land

Die Natur im stillen Hinterland zwischen Elbe und Oste bietet Eindrückliches: traumhafte Marsch- und Moorgebiete, weite Naturschutzflächen mit einer faszinierenden Vielfalt von Tier-, v. a. Vogel- und Pflanzenarten, kilometerlange Sandstrände auf der alten Elbinsel Krautsand.

Tourist Info: Stader Str. 139, Wischhafen, Tel. +49 47 70/83 11 29, www.tourismus-kehdingen.de

Hotels

Hotel Am Fischmarkt
Exzellente Altstadtlage in einem Fachwerk-Eckhaus am historischen Salzmarkt von Stade, mit Blick auf das Hafenbecken und den Holzkran. Zum individuell-charmanten Altbau-Flair trägt auch ein fröhlicher Farb- und Stilmix der Inneneinrichtung bei.
Fischmarkt 2, Stade,
Tel. +49 41 41/449 62, ab 80 €,
www.hotel-am-fischmarkt.de

Hotel Zur Mühle
Die Lage im Zentrum der Buxtehuder Altstadt, in den historischen Ziegelmauern der alten Mühle am Fleth (dem Hafenkanal), ist nicht zu toppen. Aber auch die modernen Zimmer und der perfekte, äußerst gastfreundliche Service überzeugen in dem familiengeführten Hotel.
Ritterstr. 16, Buxtehude,
Tel. +49 41 61/506 50, DZ ab 100 €,
www.hotelbuxtehude.de

Hotel Altes Land
Das traditionsreiche Haus bietet in einem (neu errichteten) Altländer Fachwerk-Ensemble gemütliche Gastlichkeit im Zentrum von Jork. Das hauseigene Restaurant pflegte die regionale Küche und widmet sich insbesondere (fast) »vergessenen Genüssen«.
Schützenhofstr. 16, Jork,
Tel. +49 41 62/9 14 60, DZ ab 95 €,
www.hotel-altes-land.de

26 Hamburg

Hamburg

So, jetzt ist sie fertig. Die Elbphilharmonie hat ein paar Jahre länger gebraucht als vorgesehen, und sie hat auch ein paar Euro mehr gekostet. Geschenkt! Seit nun jeder – genauer: jeder, der das Glück hat, eine Eintrittskarte zu ergattern – den legendären Sound der Konzertsäle auskosten und die grandiose Eleganz der Architektur auf sich wirken lassen kann, ist das Selbstbewusstsein der Hamburger wieder da, wo es immer war. Und wo es, bei aller hanseatischen Zurückhaltung, auch hingehört: ganz oben. Wer die Stadt ein paar Jahre nicht gesehen hat, der traut seinen Augen nicht: Sie hat sich wieder dem Wasser zugewandt, jenem Element, dem sie ihren Zauber zu verdanken hat. Und nebenbei auch ihren Reichtum. Die in der Abendsonne glutrot leuchtenden Bauten der Speicherstadt sind endlich von der Unesco zum Weltkulturerbe erklärt worden. Gleich nebenan ist aus dem Nichts die Hafen-City entstanden, eine ganz neue Stadt, die vor Lebensfreude und Zuversicht geradezu leuchtet. Und von dort die Elbe hinab, vom funkelnden Wahrzeichen auf der Kehrwiederspitze über den Museumshafen Övelgönne bis zum Treppenviertel von Blankenese, zieht sich die neue Schauseite der Stadt, eine schier endlose Folge von Strandcafés und Kreativbüros, Fähranlegern, lauschigen Parks und schwimmenden Restaurants. Ab und an tanzt ein Hafenschlepper vorüber, ein Kreuzfahrtschiff oder ein Containerriese, turmhoch beladen und zum Greifen nah. Man kann aber auch baden in der Elbe. Oder segeln gehen.

www.hamburg-tourism.de

Gläserne Pracht neuerdings
ohne Gerüst und Baukräne –
die Elbphilharmonie ist fertig.

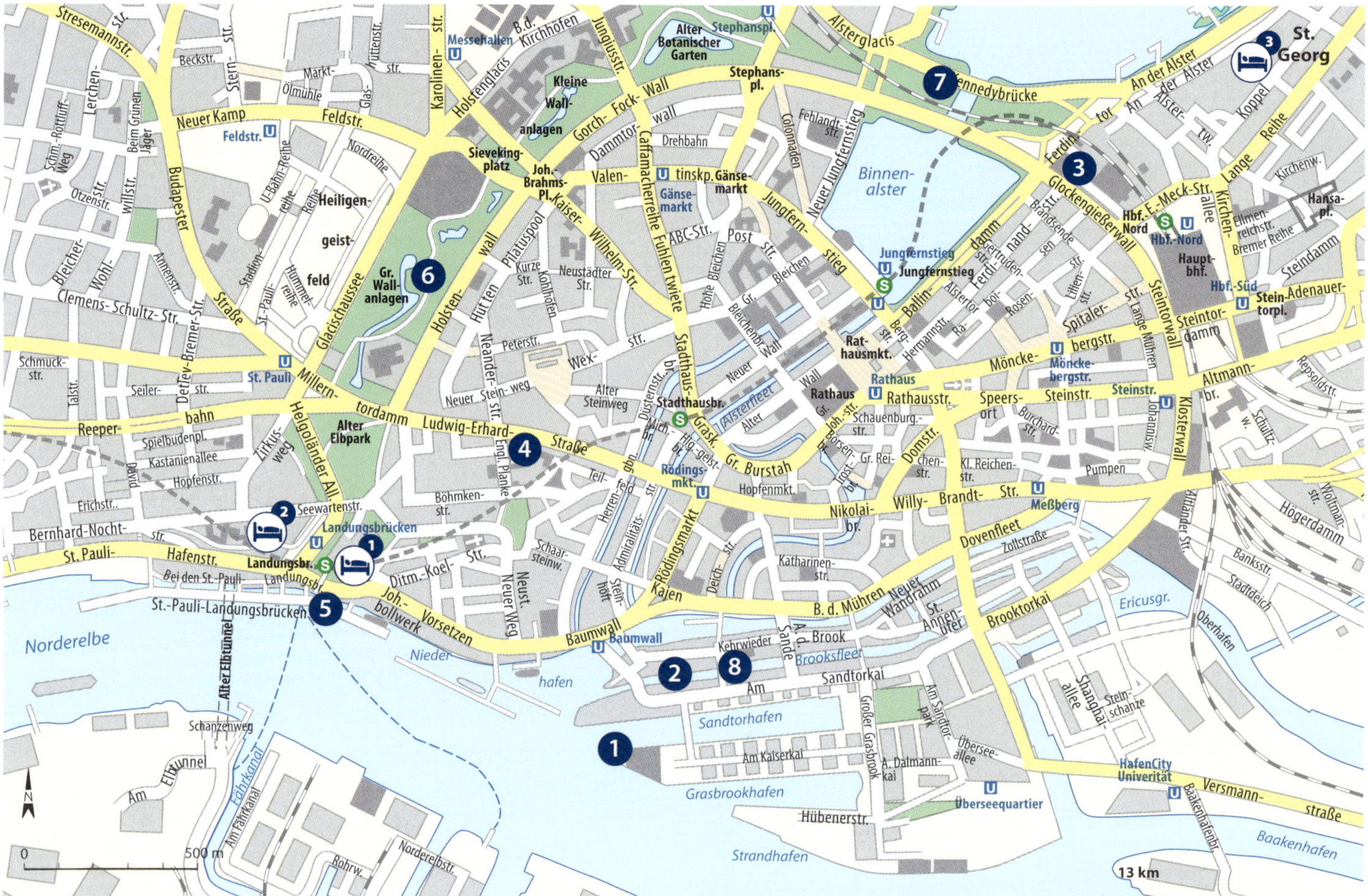

❶ Elbphilharmonie
❷ Speicherstadt
❸ Hamburger Kunsthalle
❹ St. Michaelis
❺ St.-Pauli-Landungsbrücken
❻ Planten un Blomen
❼ Alsterrundfahrt
❽ Miniatur Wunderland
🛏❶ Auf dem Stintfang
🛏❷ Hotel Hafen
🛏❸ Wedina

❶ Elbphilharmonie

Fast zehn Jahre lang war sie eine Baustelle, bis Ende 2016 offiziell die Schlüsselübergabe stattfand und Januar 2017 die Einweihung mit einem Eröffnungskonzert. Im Verlauf des Bauens stiegen die Kosten des Prestigeobjekts von geplanten 77 Mio. auf 789 Mio Euro an: Für die Elbphilharmonie sollten nur Weltklasse-Maßstäbe, was Klang und Ausstattung anbelangt, gelten. Beauftragt wurde der japanische Akustik-Experte Yasuhisa Toyota, sich auf die Suche nach dem vollkommenen Klang zu begeben und im Konzerthaus den passenden Rahmen dafür zu kreieren. Für perfekte Töne sorgen im Großen Konzertsaal 10 000 nach mathematischen Berechnungen ausgerichtete Gipsfaserplatten, aus denen die Oberfläche der Wände und Decken zusammengesetzt sind. Das

Geschichte und Geschichten warten hinter den Backsteinmauern der Speicherstadt, wie hier am Wandrahmsfleet.

Herzstück des Gebäudes besitzt 2100 Plätze, die wie ein Weinbergs um die Bühne herum gruppiert sind – kein Zuschauer sitzt weiter als 30 m von Dirigent und Orchester entfernt. Von außen beeindruckt das 110 m hohe Gebäude an der Westspitze der Hafen City allemal. Der kühn geschwungene, gläserne Aufsatz auf dem Sockel des ehemaligen Kaiserspeichers sticht futuristisch hervor und ist schon längst zu Hamburgs neuem Wahrzeichen geworden, das nun endlich unverstellt von Baukränen betrachtet werden kann. Von der Plaza, einer gläsernen Aussichtsplattform in 37 m Höhe, ist der Rundumblick auf die Stadt fantastisch. Zur weiteren Ausstattung der »Elphi« gehören ein Luxushotel und mehrere Edelrestaurants.

Platz der Deutschen Einheit 1, Hamburg, tgl. 9–24 Uhr, www.elbphilharmonie.de

2 Speicherstadt

Dicht an dicht stehen die alten Lager- und Handelshäuser der Speicherstadt und säumen die stillen Fleete. Ende des 19. Jh. errichteten Hamburger »Pfeffersäcke« die hohen Backsteinhäuser mit den Steildächern und Türmchen aus hellgrünem Kupfer. Die Stadt war damals dynamische und wachsende Handelsmetropole Norddeutschlands. In den Speichern lagerten Waren aus Übersee – Kaffee, Tabak und Tee sowie teure Gewürze und Rohseide. Erbaut ist die Speicherstadt auf Eichenpfählen auf Inseln in der Elbe. Sie zählt zusammen mit dem Kontorhausviertel zum Unesco-Welterbe und gilt als bedeutendes Monument eines sich internationalisierenden Handels. Interessant ist ein Besuch des Speicherstadtmuseums, das über die Geschichte des Viertels und einstigen Freihafens informiert. Man erfährt in der authentischen Kulisse eines Handelshauses, wie die Quartiersleute – so nannten sich die Lagerhalter selbst – ihre Geschäfte betrieben. Für den Hunger zwischendurch besucht man die Markthalle am Sandtorkai 23 (Mo–Fr 10–17, Sa/So 11–16.30 Uhr) mit vielen Imbissständen. Am schönsten ist die Speicherstadt wahrscheinlich bei einer abendlichen Bootsfahrt durch die Fleete (www.hamburg-tourism.de, Stichwort Erleben). Durch die Lichtinstallationen und die Beleuchtung der Häuser wirkt sie fast verzaubert, wie aus einer anderen Welt.

Zwischen Oberbaumbrücke im Osten und Kehrwiederspitze im Westen; Speicherstadtmuseum: Am Sandtorkai 36, Hamburg, Mo–Fr 10–17, Sa/So 10–18, Dez.–Feb. 10–17 Uhr, www.speicherstadtmuseum.de

3 Hamburger Kunsthalle

Den Grundstock von Hamburgs bedeutendster Kunstinstitution bilden Privatsammlungen, die wohlhabende Bürger seit 1822 im Kunstverein zusammenge-

Schietwetter-Tipp

Buddelschiffe bauen, das ist die Kunst, die kleinen Modellschiffchen in noch kleinere Flaschen zu bringen. Für Regentage kann man leicht Bausätze und Anleitungen über das Internet erhalten. Beim Bauen ist Fingerspitzengefühl gefragt.

tragen hatten. Dem ersten Direktor Alfred Lichtwark (1852–1914) und seinen Nachfolgern ist es zu verdanken, dass die Kunsthalle zu einem der führenden Museen Deutschlands wurde und internationale Bedeutung erlangte. Die reiche, über die Jahre gewachsene Sammlung beinhaltet u. a. Glanzstücke einheimischer Kunst wie die mittelalterlichen Altäre der Meister Bertram und Francke, bedeutende Gemälde von Caspar David Friedrich und Philipp Otto Runge, Werke der Künstlergruppierungen Brücke und Blauer Reiter sowie Gemälde von Rembrandt van Rijn, Claude Lorrain, Gianbattista Tiepolo und Francisco José de Goya. Einmalig ist auch das Kupferstichkabinett: Mit mehr als 100 000 Zeichnungen und druckgrafischen Blättern eine der wichtigsten Sammlungen Deutschlands. Erst kürzlich wurde die Kunsthalle aufwendig für 25 Mio. renoviert, durch Umbauten und Zusammenführungen konnten in den drei Gebäuden des Museums nahe der Elster bis zu 500 qm mehr an Ausstellungsfläche gewonnen werden.

Glockengießerwall, Hamburg, Di–So 10–18, Do bis 21 Uhr, www.hamburger-kunsthalle.de

Beste Reisezeit

Ende August findet alljährlich Hamburgs Lieblingssommerfest statt: das Alstervergnügen. An vier Tagen befindet sich die Stadt im Partyrausch, auf den Bühnen wird ein vielfältiges Programm geboten, Highlight ist ein großes Feuerwerk.

Urlaubsstimmung in Hamburg: Der schöne Elbstrand im »Beachlub 28°GRAD« in Wedel ist eines der beliebtesten Strandbäder der Stadt.

4 St. Michaelis

Der »Michel« – so der sympathische Name der Hamburger für ihre Barockkirche St. Michaelis – ist bekanntes Wahrzeichen der Hansestadt. Seit 1661 grüßt der 132 m hohe Turm mit der markanten neobarocken Kupferhaube von weither die einlaufenden Schiffe und weit gereisten Seefahrer. Nicht nur der Kirchturm ist Deutschlands höchster, auch die Turmuhr ist die größte des Landes mit Zeigern von fast 5 m Länge und einem Ziffernblatt von 8 m Durchmesser. 452 Stufen sind es bis zur Aussichtsplattform auf 106 m Höhe, der Ausblick ist sagenhaft. Wer nicht Treppensteigen möchte, nutzt den Fahrstuhl nach oben.

Englische Planke 1, Hamburg, tgl. 10–18, Mai bis Okt. 9–20 Uhr, www.st-michaelis.de

5 St.-Pauli-Landungsbrücken

Zur großen Hafenrundfahrt startet man von den Landungsbrücken, Hamburgs berühmtem und belebtem »Wasserbahnhof«. Die 700 m lange Anlegestelle befindet sich komplett auf schwimmenden Pontons. Tag für Tag fuhren von hier die Arbeiter zu den Werften im Hafen, Überseedampfer begannen ihre große Fahrt, heute kreuzen zwischen den Containerriesen Fähren und bringen Besucher zur Elbphilharmonie, zu den Musicals im Stage Theater gegenüber oder nach Blankenese, Finkenwerder und zurück.

St.-Pauli-Landungsbrücken, Hamburg, www.stpauli-landungsbruecken.de; Hafenrundfahrt: Brücke 2 oder 6, Apr.–Okt. 10–17, Nov.–März 11–16 Uhr, jeweils stündlich, www.barkassen-meyer.de

6 Planten un Blomen

Ohne viel Schnörkel haben die Hamburger ihren schönsten Park auf Plattdüütsch »Planten un Blomen« – »Pflanzen und Blumen« – genannt. Ein Rosengarten, ein Apothekergarten mit heilkräftigen Kräutern und ein großer Japanischer Garten sind die Schmuckstücke des Parks. In den imposanten Schaugewächshäusern wachsen exotische Pflanzen und Blumen aus allen Klimazonen der Erde – vom tropischen Dschungel bis zur Wüste. Beeindruckend sind die sommerlichen Wasserlichtkonzerte (Mai–Sept.) – bei diesen »tanzen« Wasserfontänen in fantastischen Schwüngen zur Musik eigens dafür entwickelter Partituren. Untermalt wird das Schauspiel durch farbige Lichter.

Haupteingang: Stephanspl., Jan.–März, Okt.–Dez. 7–20, Apr. 7–22, Mai–Sept. 7–23 Uhr, www.plantenunblomen.hamburg.de

7 Alsterrundfahrt

Das Stadtpanorama einmal anders erlebt man bei einer Rundfahrt um die Außenalster, Hamburgs innerstädtischen See. Auf der gemütlichen, einstündigen Tour schippert man einmal rundherum entlang des grünen Ufers, vorbei an Kirchtürmen, Villen und Brücken. Es werden auch Spezialtouren angeboten, z.B. Erlebnisfahrten mit Verköstigung oder Yoga-Kurs sowie Abstecher entlang der Alsterkanäle in Hamburgs schöne Villenviertel.

Jungfernstieg, Apr.–Okt. 10–18 Uhr, jeweils halbstündig, www.alstertouristik.de

7 Miniatur Wunderland

Mitten in der historischen Speicherstadt liegt die größte Modelleisenbahnanlage der Welt. Im Dez. 2000 begannen die Bauarbeiten, im Frühjahr 2013 waren bereits 13 km Schienen auf 1300 qm Fläche verlegt, und wenn das ganze Projekt im Jahr 2028 vorläufig (!) abgeschlossen sein wird, sollen 1300 Züge über 20 km Schienen auf dem dann 2300 qm großen Areal unterwegs sein. Wie diese Landschaft entsteht, kann man zum Glück schon jetzt live verfolgen, die Abschnitte Mitteldeutschland, Österreich, Italien, Hamburg, Amerika, Skandinavien und Schweiz sind bereits fertig. Jeder Abschnitt ist mit großer Liebe zum Detail hergerichtet und besitzt seine Highlights, z.B. die mit 33 000 l Echtwasser gefüllte Nordostsee in Skandinavien, in der sich alle 25 Min. Ebbe und Flut abwechseln, oder das beleuchtete Las Vegas in Amerika. Sehr niedlich ist die 120 qm große Fantasiestadt Knuffingen mit ihren 10 000 Einwohnern, 90 beweglichen Modellautos – und Feueralarm alle 15 Min. 2011 bekam Knuffingen auch noch einen Airport mit 14 m langer Start- und Landebahn spendiert, auf der die 40 verschiedenen Flugzeugmodelle nicht nur rollen können, sondern tatsächlich (ein bisschen) abheben. Wer diesen unwiderstehlichen Große-Jungen-Traum ansehen möchte, sollte genug Zeit mitbringen – und die aktuellen täglichen Öffnungszeiten vorher auf der Website checken.

Kehrwieder 2–4, Block D, Hamburg, tgl. 9.30–18, Sa ab 8, So ab 8.30 Uhr, teilweise auch bis 19, 20, 21 oder 23 Uhr, www.miniatur-wunderland.de

Hotels

Auf dem Stintfang

Beliebte Jugendherberge in super Lage zur Innenstadt, zum Portugiesenviertel und zu St. Pauli und mit tollem Ausblick vom Frühstücksraum auf die Containerriesen, die an den St.-Pauli-Landungsbrücken andocken. Im Hostel können Zwei- bis Sechsbett-Zimmer gebucht werden.

Alfred-Wegener-Weg 5, Hamburg, Tel. +49 40/570 15 90, DZ ab 68 €, hamburg-stintfang.jugendherberge.de

Hotel Hafen Hamburg

Maritim eingerichtetes Traditionshotel mit einer wunderbaren Aussicht auf den Hamburger Hafen und die Elbe. Die Zimmer sind gemütlich, sauber und ruhig. Abends lohnt sich ein Besuch der Tower Bar unter der Kuppel des Hotelturms. In 62 m Höhe genießt man hier die Cocktails und das Panorama.

Seewartenstr. 9, Hamburg, Tel. + 49 40/31 11 30, DZ ab 91 €, www.hotel-hafen-hamburg.de

Wedina

Literaten-Hotel an der Alster. Sehr persönlich. Sobald die Temperaturen es zulassen, können die Gäste ihren Kaffee im begrünten Innenhof trinken. Das Literaturhaus ist nicht weit, darum nächtigen Autoren aus aller Welt am liebsten hier.

Gurlittstr. 23, Hamburg, Tel. +49 40/280 89 00, DZ ab 145 €, www.hotelwedina.de

Postkartenidylle in der Lüneburger Heide mit Heidschnucken, reetgedeckten Häusern und blasslila blühender Erika.

27 Lüneburger Heide

Niedersachsen

Manchmal, wenn die Erika blüht, im August und September, leuchtet das Land unter dem hohen Himmel wie ein violetter Ozean. Und manchmal, wenn Nebel darüber hinwegziehen, ragt unvermittelt ein Wachholder am Wegesrand auf, als wäre er dem Wanderer heimlich gefolgt. Wer durch die Lüneburger Heide wandert oder mit dem Fahrrad entlang der Ilmenau oder rund um den Wilseder Berg fährt, der hört sie flüstern: von Geistern aus vielen Tausend Jahren, von kargem Boden, von dunklem Moor und der Armut der umherziehenden Bauern. Zwischen Dörfern aus reetgedeckten Fachwerkhäusern offenbart sich eine Natur von erhabener Stille, die nur manchmal unterbrochen wird vom Balzen des Auerhahns oder einem Laubfroschkonzert. Herden von Heidschnucken ziehen durch das wellige Land; wer Glück hat, kann sich an Heidelbeeren satt essen. Kann Fischotter, Seeadler oder Schwarzstörche auf freier Wildbahn beobachten – und gleich nebenan staunen über die prächtige Schönheit der durch Salz reich gewordenen Hansestadt Lüneburg, über die stolze Residenz Celle oder das Juwel der norddeutschen Backsteingotik, das idyllisch gelegene Kloster Wienhausen. Gasthöfe und Hotels haben die Natur der Region und ihre Ruhe als Schätze erkannt und hüten sie wohl. Und der Honig! Haben wir den köstlichen Honig aus der Heide erwähnt? Unbedingt ein Glas mitnehmen!

www.lueneburger-heide.de

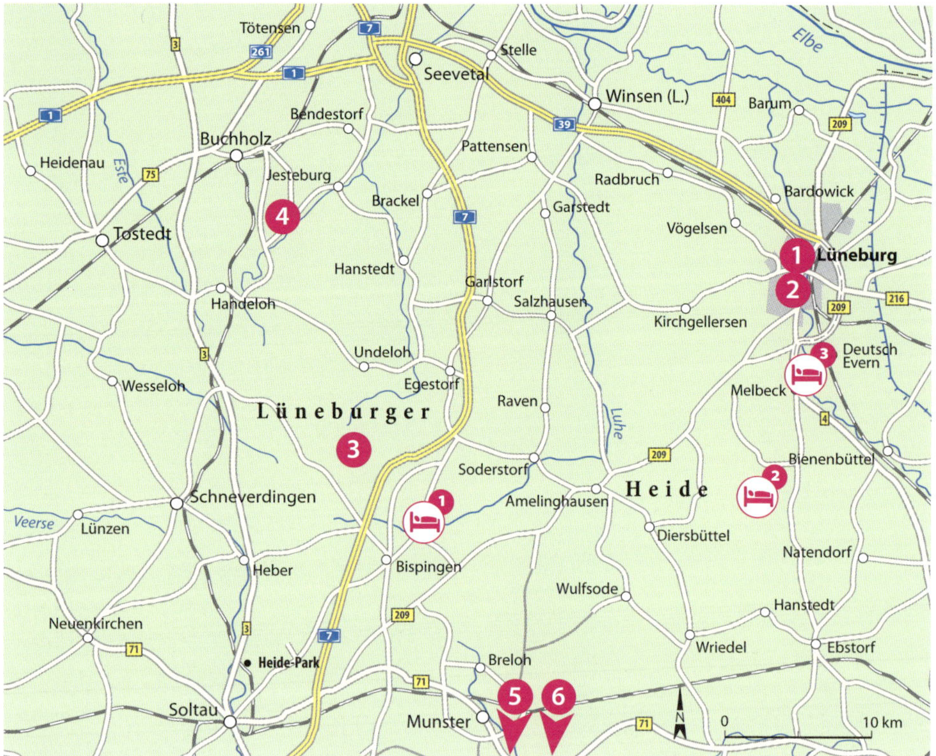

1 Lüneburg
2 Salzmuseum
3 Lüneburger Heide
4 Kunststätte Bossard
5 Celle
6 Kloster Wienhausen
1 Naturhotel im Spöktal
2 Hotel Gut Bardenhagen
3 Hotel Amethyst

1 Lüneburg

Nur 50 km südlich von Hamburg liegt die charmante Hansestadt Lüneburg. Wie nur wenige andere Städte in Norddeutschland konnte ihr historischer Kern im Zweiten Weltkrieg vollständig erhalten bleiben. Im historischen Hafenviertel wurde früher das »weiße Gold« auf Lastkähne verladen.

Tourist Info: Rathaus, Lüneburg,
Tel. +49 800/220 50 05, www.lueneburg.info

2 Deutsches Salzmuseum

Mehr als ein Jahrtausend lang bestimmte das Salz das Leben und v. a. den Reichtum Lüneburgs. Ein Großteil der Stadt ist unterhöhlt von einem Salzstock, durch den Lüneburg die Rolle als einziger Salzlieferant der Hanse zugeteilt wurde. Seit der Schließung des Salzwerks im Jahr 1980, bis dahin eines der ältesten und größten Industriebetriebe Europas, vermittelt das Deutsche Salzmuseum/Industriedenkmal Saline Lüneburg Wissenswertes, Interessantes und Kurioses zum Thema »Salz«.

Sülfmeisterstr. 1, Lüneburg, tgl. 10–17, Apr. bis Sept. Mo–Fr ab 9 Uhr, www.salzmuseum.de

3 Naturpark Lüneburger Heide

Der Naturpark im Nordwesten der Lüneburger Heide, zwischen Soltau und Buchholz, ist ein Paradies für Ruhesuchende und Naturliebhaber. Zahlreiche Wanderwege führen durch die riesigen Heidelandschaften, Moore und Wälder, etwa der Spaziergang zum Totengrund, dem Herzstück des Naturparks. Im Norden verspricht der Brunsberg mit seinen gerade einmal 129 m über Meereshöhe ein einzigartiges Panorama. Bequem unterwegs ist man in der Region mit dem »Naturparkbus-Lüneburger-Heide« sowie im Sommer mit dem Heide-Shuttle inkl. Fahrradanhänger (rund 70 Haltestellen).

15 Naturpark-Infostellen, Adressen und Infos unter www.naturpark-lueneburger-heide.de

Beste Reisezeit

Wenn im August und September (Faustregel: 8.8.–9.9.) die Heide blüht, versprüht die Lüneburger Heide ihren besonderen Charme. Viele Millionen lila Blüten, grüner Wacholder und Kiefern sowie die silbrig-weißen Birken lassen die Region als ein einziges Farbenspiel erscheinen.

Romantische Fahrten mit der Pferdekutsche führen zu Lüneburgs Sehenswürdigkeiten.

4 Kunststätte Bossard

Über vier Jahrzehnte entstand in der Abgeschiedenheit der Lüneburger Heide ein außergewöhnlicher Ort: In der Kunststätte Bossard verbinden sich Landschaft und Architektur, Malerei und Bildhauerei zu einem einzigartigen Gesamtkunstwerk.

Bossardweg 95, Jesteburg, www.bossard.de

5 Residenzstadt Celle

Imposante Bauwerke wie das Alte und Neue Rathaus, das Schloss Celle und die Stadtkirche sowie über 500 unter Denkmal stehende Fachwerkhäuser: Die einstige Residenzstadt der Herzöge bietet einen malerischen Anblick.

Tourist Info: Markt 14–16, Celle, Tel. +49 51 41/90 90 80, www.celle-tourismus.de

6 Kloster Wienhausen

Das um 1230 von Agnes von Meißen und Landsberg, einer Schwiegertochter Heinrich des Löwen, gegründete Kloster kann eine Fülle von mittelalterlichen Kunstschätzen aufweisen. Besichtigungen sind im Rahmen von Führungen möglich.

An der Kirche 1, Wienhausen, Apr.–Okt. Di–Fr, So www.kloster-wienhausen.de

Schietwetter-Tipp

Der jahrhundertealte Einfluss des Salzes auf Lüneburg äußert sich auch in der Salztherme Salü (www.salue.info) – mit Strömungskanal, Unterwassermusik, Floating im Salzsolebecken und einer großen Saunawelt mit Salzsauna.

Hotels

Naturhotel im Spöktal
Die Bio-Apartments, frei stehenden Waldhäuschen und Zimmer des Demeter-Hotels sind im großen privaten Landschaftspark verteilt. Gemütlich wird es am offenen Kamin, in der Bibliothek und in der Fasssauna und kreativ bei Steinbildhauer-Kursen (auf Nachfrage) sowie regelmäßigen Konzert-Abenden.
Spöktal 1, Bispingen-Steinbeck, Tel. +49 51 94/23 20, DZ ab 60 €, www.spoektal.de

Hotel Gut Bardenhagen
In den denkmalgeschützten Gebäuden eines ehemaligen Trabergestüts wird moderner Service in stilvollem Ambiente geboten: Design-Zimmer, ein Wellness-Bereich mit Schwimmbad, finnischer Sauna, Dampfsauna und Wärmekabine sowie kulturelle Veranstaltungen lassen keine Wünsche offen.
Bardenhagener Str. 3–9, Bienenbüttel, Tel. +49 58 23/953 99 60, DZ ab 140 €, www.gut-bardenhagen.de

Hotel Garni Amethyst
Freundlich eingerichtete Zimmer und Suiten, teilweise mit Terrasse. Nach dem Frühstück mit Blick auf den 5000 qm großen Garten lädt die Umgebung zum Rad- und Kanufahren ein – oder man lässt es sich vor Ort im Innenpool und den Saunen gut gehen.
An der Ilmenau 20, Deutsch Evern, Tel. +49 41 31/220 34 30, DZ ab 129 €, www.amethyst-lueneburg.de

28 Hannover und Umgebung

Niedersachsen

Überraschend, das ist die Hauptstadt Niedersachsens. Selbst das reinste Hochdeutsch, das angeblich hier gesprochen wird, toppt man neuerdings durch ein wiederbelebtes Lindener Platt. Aus »nur keine Eile« wird »nur kaane Aale« (was beim Angebot von Räucheraal vom nahen Steinhuder Meer dann leicht zu Missverständnissen führt). Fröhlich, locker, sympathisch – so sind viele Bewohner der früher als »dröge« erscheinenden Stadt heute zu erleben. Hier wird gefeiert, hier in der »Unesco City of Music« erklingt wahrhaft ausgezeichnete Musik von Klassik bis Pop, und es reihen sich das ganze Jahr über unterschiedlichste Festivals aneinander. Vom größten Schützenfest der Welt über das Frühlings- und Maschseefest bis hin zum Internationalen Feuerwerkswettbewerb lässt es der Hannoveraner beinahe ständig krachen. Und beim »Masala Weltbeat Festival« zeigt er allen, wie bunt und international es hier zugeht. Vom einstigen Preußen- und Beamtentum ist Hannover heute so weit entfernt wie die Pinguine des Erlebnis-Zoos von ihrer antarktischen Heimat. Es blühen nicht nur Forschung und Wissenschaft, Industrie, Einzelhandel und Zukunftstechnologien, sondern auch Gärten und Grünanlagen. Der Freizeitwert ist enorm. Stolz zu sein auf die Stadt, das lernt nicht nur der Hannoveraner gerade. Es gibt genug Gründe dazu.

www.visit-hannover.com

Barocke Pracht: die Galerie von Schloss Herrenhausen mit ihren venezianischen Fresken.

1. Altstadt
2. Herrenhäuser Gärten
3. Sprengel Museum
4. Erlebnis-Zoo Hannover
5. Park der Sinne
6. Expo-Gärten

- (1) Kastens Luisenhof
- (2) Sheraton Pelikan
- (3) Hotel Avalon

1 Altstadt

Ein Altstadtbummel gehört zum Hannover-Besuch dazu. Der Bereich zwischen der Goethe- und Karmarschstraße sowie zwischen Schmiedestraße und Leine war im Zweiten Weltkrieg durch alliierte Luftangriffe weitgehend zerstört worden. Auf den großen Stadtmodellen in der Kuppelhalle des Neuen Rathauses lässt sich das eindrucksvoll nachvollziehen. Der Bau selbst, den viele Hannover-Besucher zunächst einmal für ein Schloss halten, sieht älter aus, als er ist. Erst 1913 wurde der wilhelminische Prachtbau im Beisein des Kaisers eingeweiht. »Alles bar bezahlt, Majestät!«, hatte sich damals der Stadtdirektor gebrüstet. Obwohl man wahrlich keine Kosten und Mühen gescheut hatte. Denn das protzige Kuppelbauwerk mit zwei Innenhöfen wurde mitten im Sumpf auf insgesamt 6026 Buchenpfählen errichtet. Die Spitze der gewaltigen Kuppel erreicht man über einen aufwendigen, 97 m hohen Bogenaufzug – der einzige seiner Art in Europa: Parabelförmig steigt die Gondel nach oben und legt dabei 10 m in Richtung der Kuppelmitte zurück. Der Ausblick von dort oben ist famos: auf das Stadtzentrum nördlich des Rathauses, den Maschpark, das Niedersachsenstadion und den Maschsee im Süden sowie das ganze Umland, oft bis zum Höhenzug Deister im Calenberger Bergland. In die wieder aufgebauten Fachwerkhäuser in der Altstadt sind inzwischen schicke Geschäfte und urtümliche Kneipen eingezogen. Das Ballhoftheater, das Historische Museum und das Leineschloss mit dem Niedersächsischen Landtag sind ebenso sehenswert wie die große Marktkirche, die kleine, feine Kreuzkirche, das Leibnizhaus und der Holzmarkt. Das älteste Fachwerkhaus Hannovers (von 1564) findet man in der Burgstr. 12, im Hinterhof. Ist das Tor zum Hof geschlossen, entschädigt das Vorderhaus von 1566.

Tourist Info: Ernst-August-Pl. 8, Hannover, Tel.: +49 511/12 34 51 11, www.visit-hannover.com

2 Herrenhäuser Gärten

Historisches Kernstück ist der »Große Garten«: Kurfürstin Sophie von Hannover hatte sich vom Sonnenkönig Ludwig XIV. inspirieren und den 2 km langen, 1,4 km breiten Barockgarten zwischen 1696 und 1714 anlegen lassen. Akkurat beschnittene Hecken bilden klare Linien und geometrische Muster, ein achteckiger grüner Irrgarten fordert die Sinne heraus. Auf dem Weg zur Großen Fontäne erinnert eine Sitzstatue an die vielsprachige, mit Leibniz befreundete Kurfürstin, der diese Gartenanlage ihr Leben bedeutete und die hier auch starb. Heute verbinden sich hier barocke Gartenbau-Tradition (mit Wasserspielen, Gartentheater, Kaskaden, Standbildern etc.) und elegante moderne Ergänzungen (Sondergärten, zeitgenössische Kunst) auf das Feinste. So wurde die dreiräumige Grotte von der Künstlerin Niki de Saint Phalle, als eine ihrer letzten Arbeiten, mit Glas- und Spiegelmosaiken und farbigen Plastiken faszinierend neu gestaltet. »Neu« ist auch Schloss Herrenhausen, das nach der Zerstörung im Zweiten Weltkrieg 2013 mit rekonstruierter

Gewusst, wo

Auf 4,2 km Länge ist eine rote Linie auf das Straßenpflaster gemalt, die barrierefrei zu 36 Sehenswürdigkeiten in der Innenstadt Hannovers führt – der Rote Faden. Eine in der Tourist Info erhältliche Begleitbroschüre und eine App vermitteln Wissenswertes und Amüsantes entlang der Route.

klassizistischer Fassade wiedererrichtet wurde. In den Seitenflügeln informiert ein sehenswertes Museum über die Geschichte der Herrenhäuser Gärten. Zu denen gehört auch östlich des Großen Gartens der (jederzeit frei zugängliche) »Georgengarten« im Stil englischer Landschaftsgärten, und nördlich des Großen Gartens, auf der anderen Seite der Herrenhäuser Straße, der »Berggarten«. In einem der ältesten botanischen Gärten in Deutschland sind hier ca. 11 000 unterschiedliche Pflanzen aus den verschiedensten Klimazonen zu sehen, einschließlich der größten Orchideensammlung Europas.

Herrenhäuser Str. 4, Hannover;
Gartenanlagen: tgl. ab 9 Uhr; Museum:
Do–So 11–16 Uhr, www.herrenhausen.de

Kein schlechtes Leben, möchte man meinen: asiatische Elefanten im Hannoveraner Zoo.

3 Sprengel Museum

Hundertfünfzig Jahre stand der Name »Sprengel« in Hannover für die 1851 gegründete Schokoladenfabrik. Während die mittlerweile ihre Tore geschlossen hat, steht der Name längst für herausragende moderne Kunst: Zum 80. Geburtstag des Stifters, des Schokoladenfabrikanten Bernhard Sprengel, war 1979 das »Sprengel Museum« eröffnet und seitdem mehrfach erweitert worden. Letzter Bauabschnitt war 2015 ein spektakulärer anthrazitfarbener Quader. Nicht weniger spektakulär ist die im Innern ausgestellte hochkarätige Sammlung moderner Kunst des 20. und 21. Jh. Neben deutschem Expressionismus, französischer Moderne, Paul Klee, Max Beckmann, der Fotografie- und Medien-Abteilung sowie herausragender Grafik sind vor allem zwei Künstler stark vertreten: der 1887 in Hannover geborene Dada-Großmeister Kurt Schwitters, der seine Kunst »Merz« nannte (inspiriert von der Commerzbank), und die französisch-schweizerische Künstlerin Niki de Saint Phalle, die kurz vor ihrem Tod dem Museum 400 Werke überließ. Gegenüber dem Museum, am Ufer des Maschsees, erhebt sich – unübersehbar – noch ein weiteres von Sprengel gestiftetes Kunstwerk: die knallrote, 6 m hohe Stahlskulptur »Hellebardenträger«, die Alexander Calder in Sprengels Auftrag hier errichtet hatte.

Kurt-Schwitters-Pl., Hannover,
Di 10–20 Uhr, Mi–So 10–18 Uhr,
www.sprengel-museum.de

4 Erlebnis-Zoo Hannover

Schon bei seiner Eröffnung vor mehr als 150 Jahren war der Zoo seiner Zeit voraus: Anstelle von Tiergehegen präsentierte er einen Landschaftsgarten mit Tieren. Dieser Tradition ist der Zoo Hannover treu geblieben. In den 1990er-Jahren entstanden neue Themenwelten, die den natürlichen Lebensräumen mit großer Detailliebe nachempfunden sind und so die Besucher auf eine Weltreise schicken: etwa zum Gorillaberg oder in den Dschungelpalast, zum afrikanischen Sambesi, ins australische Outback und an die nordamerikanische Yukon Bay. »Mittendrin statt nur davor« heißt das Motto seit der Modernisierung im Zuge der »Expo 2000«: Anstelle von Käfighaltung erlebt man Tiere in ihrem natürlichen Verhalten und in Interaktion, wie bei Schaufütterungen. 2013 wurde »Kibongo« mit einem Evolutionspfad eröffnet, auf dem Menschen ihren nächsten Verwandten, den Schimpansen, begegnen. Ein Höhepunkt für Jung und Alt ist der Sambesi – oder wie er eben in Hannover dargestellt wird: Täglich ab 9.30 Uhr (während der Sommersaison) führt eine Bootsfahrt vorbei an Zebras, Antilopen und Giraffen, Flusspferden und Nashörnern, Wildeseln und Flamingos. Im Winter wird vor dem Zoo auf einem gefluteten Dorfteich Schlittschuh gelaufen und am Hang gerodelt.

Adenauerallee 3, Hannover, Nov.–März tgl. 10–16, Apr.–Okt. tgl. 9–18 Uhr, www.zoo-hannover.de

5 Park der Sinne

Seinen Kopf in einen Summstein stecken, barfuß über Steine oder Sand gehen oder am Kräuterbeet riechen – das kann man auf den rund 7 ha der einstigen Sandgrube, die als Teil des Expo-2000-Projekts »Regionaler Landschaftsraum« am Kronsberg in Laatzen, südlich von Hannover, in einen Park der Sinne verwandelt wurden. Auf abwechslungsreichen Wegen erlebt man, vorbei an Trockenmauern, unterschiedlichen Bepflanzungen und Biotopen, Natur mit allen Sinnen. Die 38 Gärten und Erlebnisstationen sind tagsüber frei zugänglich.

Karlsruher Str. 101, Laatzen, tgl. 8 Uhr–Sonnenuntergang, Park Info: Ostern–Okt. Mo–Fr 9–18, Sa/So 11–18 Uhr, www.verein-park-der-sinne.de

Beste Reisezeit

An jährlich fünf Abenden (in der Regel im Mai, Juni und Ende Aug., sowie zweimal im Sept.) lassen es die besten Pyrotechniker der Welt in den Herrenhauser Gärten richtig knallen. Beim Feuerwerkswettbewerb zeigt jedes Team eine knapp halbstündige Show mit Musik. Bevor es dunkel wird, gibt es ein buntes Warm-up mit noch mehr Musik, Kleinkunst und Theater.

6 Drei Expo-Gärten

Gleich östlich vom Park der Sinne findet man im Expo-Park am Kronsberg so etwas wie das zeitgenössische Pendant zu den Herrenhäuser Gärten – und ein beliebtes Naherholungsgebiet. Die »Gärten im Wandel« sind 750 m lang und nur 50 m breit. Von Nord (Expo-Plaza) nach Süd verändern sie sich deutlich: Anfangs dunkel, dicht und geometrisch gestaltet, laufen sie in hellen, organischen Formen aus. Direkt anschließend der weitläufige »Expo-Park Süd« mit künstlichem See und vier aussichtsreichen Himmelstürmen sowie östlich davon der schöne, 24 ha große Land(wirt)schaftspark »Parc Agricole«.

Sydney Garden 11, Hannover, »Gärten im Wandel« tgl. 8–19 Uhr, sonst rund um die Uhr zugängl., www.hannover.de (schöne Garten-Broschüre zum Downloaden)

Hotels

Kastens Luisenhof
Es ist mittlerweile schon mehr als 150 Jahre alt und immer noch gut anzusehen: Das einzige Hannoveraner 5-Sterne-Hotel zwischen Hauptbahnhof und Oper bietet elegante bis luxuriöse Interieurs. Schickes Gourmetrestaurant »Mary's« mit kleinen Nischen für vertrauliche Arbeitsessen. Sehr schön ist die Atmosphäre in »Leos Hotelbar«.
Luisenstr. 1–3, Hannover, Tel. +49 511/304 40, DZ ab 125 €, www.kastens-luisenhof.de

Sheraton Pelikan
Die ehemalige Pelikan-Schreibgeräte-Fabrik ist ein Musterbeispiel für die gelungene Umwandlung einer alten Industrieanlage in ein modernes Designhotel. Grandiose Innenarchitektur, ausgezeichnete Küche im Restaurant »5th Avenue«, tolle Cocktails in »Harry's New York Bar«, riesiges Fitness-Center.
Pelikanpl. 31, Hannover, Tel. +49 511/909 30, DZ ab 109 €, www.sheratonpelikanhannover.com

Hotel Avalon
In einem schönen Jugendstilhaus im beliebten Stadtteil List führen Themenzimmer in eine andere Welt. Da locken etwa »Afrika«, »Le Petit Bleu« oder »Rosen«. Für Allergiker stehen Extraräume bereit.
Ferdinand-Wallbrecht-Str. 10, Hannover, Tel- +49 511/62 62 63 38, DZ ab 90 €, www.avalon-hannover.de

29 Braunschweig

Niedersachsen

Warum es ausgerechnet in Braunschweig mehr Forscher und Entwickler pro Kopf in der Bevölkerung gibt als irgendwo sonst in Europa? Warum die Stadt in der Statistik der anerkannten Patente auf Platz eins steht? Warum hier die erste Technische Universität Deutschlands entstand, die Kunsthochschule zu den innovativsten des Kontinents zählt und der mexikanische Pavillon von der Expo aus Hannover geholt und hier zum Wahrzeichen für eine Stadt im Vorwärtsdrang wurde? Das ist eine lange Geschichte … Sicherlich spielt der Bürgerzorn eine Rolle, der einem verhassten Fürsten einst kurzerhand das Dach über dem Kopf anzündete. Sicherlich auch die Zerstörung der Stadt durch den Krieg und der Zwang, sich ganz wörtlich von Grund auf neu zu erfinden. Neugier und Offenheit kommen hinzu, aber auch die Gier nach Freiheit und Wut gegen die Symbole überwundener Macht. In der modernen Architektur trägt eine ganze Schule den Namen der Stadt. In den Labors entsteht Spitzentechnologie, aus den Ateliers kommen Medienkunst und junges Design. Und hinter der neu errichteten Fassade des alten Schlosses gehen die Leute heute shoppen. Ein Triumph? Nun ja … Aber auf dem Platz zwischen dem Dom und der Burg Dankwarderode herrscht immer noch der Welfe Heinrich. Und auf dem Sockel steht das Symbol, unter dem er Braunschweig stark werden ließ: der Löwe.

www.braunschweig.de

Seit 850 Jahren wacht der stolze Bronzelöwe Heinrichs des Löwen vor der Braunschweiger Burg und dem Dom.

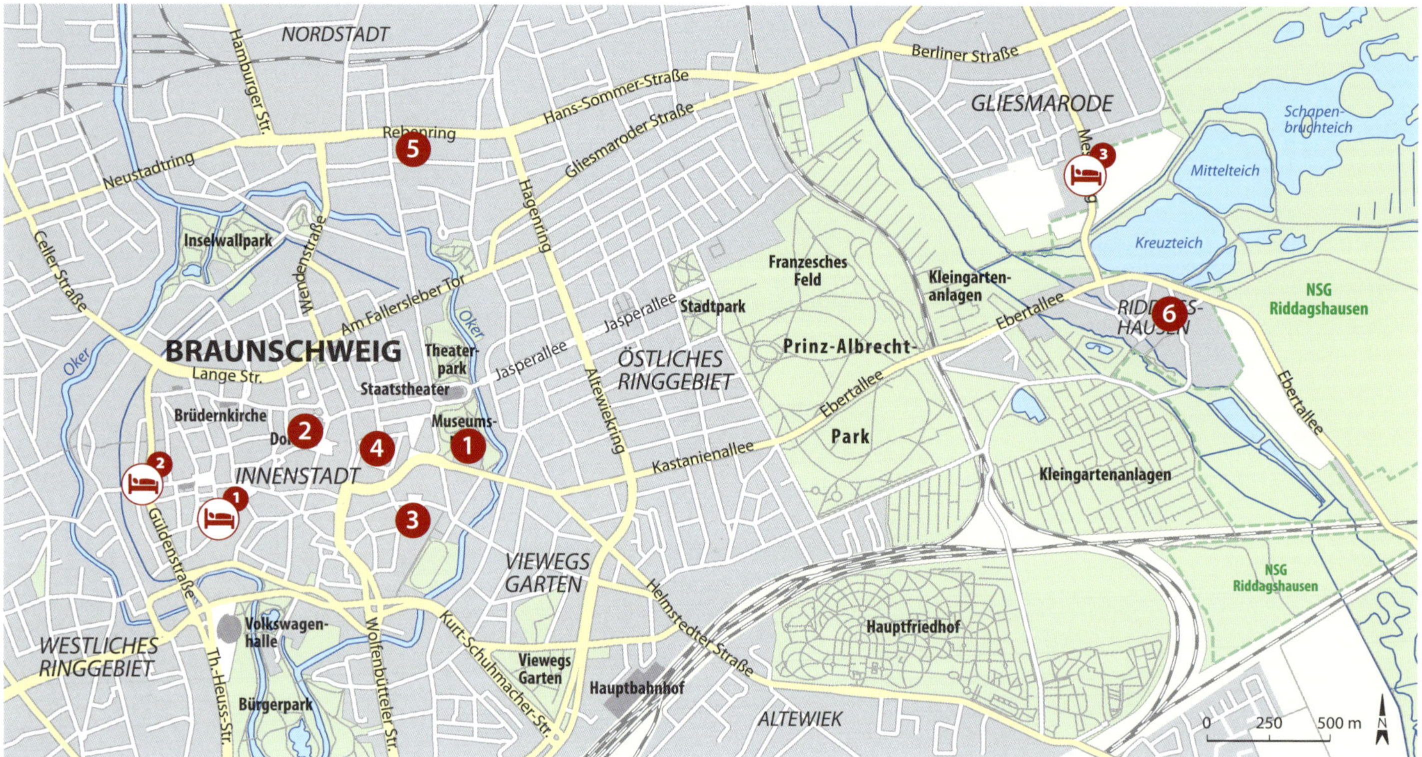

1. Herzog Anton Ulrich-Museum
2. Altstadt
3. Magniviertel
4. Residenzschloss und Schloss-Arkaden
5. Naturhistorisches Museum
6. Riddagshausen

Hotels:
1. Frühlingshotel
2. Haus zur Hanse
3. Landhaus Seela

❶ Herzog Anton Ulrich-Museum

Es war eines der ersten öffentlichen Museen in Deutschland (eröffnet 1754). Heute ist es eines der größten und bedeutendsten Museen alter Kunst. Den Grundstein des Museums legte Ende des 17. Jh. der Namensgeber, Herzog Anton Ulrich von Braunschweig (1633–1714). Der kunstinteressierte Fürst begann mit dem Erwerb von Vermeers »Mädchen mit dem Weinglas« und hörte dann mit dem Sammeln Alter Meister nicht mehr auf. Sein Nachfolger Karl I. öffnete die Schätze der Öffentlichkeit. Mehr als 4000 Werke aus über 3000 Jahren sind es inzwischen. Nach über siebenjähriger Bauzeit wurde das »Herzog Anton Ulrich-Museum« (kurz: HAUM) Ende 2016 in renovierten und erweiterten Räumen wiederöffnet. Die Liste der hier zu sehenden (Alten) Meister liest sich wie ein »Who is Who« der Kunstgeschichte: Rubens, Rembrandt, Vermeer, Cranach, Dürer, Holbein, Goya, Beckmann oder Picasso, um nur die wichtigsten zu nennen.

Museumstr. 1, Braunschweig,
Di–So 11–18 Uhr, www.3landesmuseen.de

❷ Altstadt

Braunschweig war einst die größte deutsche Fachwerkstadt; 90 Prozent sind im Feuersturm des Zweiten Weltkrieges un-

Braunschweig kann sogar mit einem Beach-Club aufwarten, mitten in der Innenstadt und mit bester Aussicht – auf dem Dach eines Parkhauses.

tergangen. Doch höchst eindrucksvoll ist, was überdauert hat oder wiederaufgebaut wurde. Im Herzen der »Löwenstadt« ist das zum einen die »Traditionsinsel« um Burg und Dom, dem einstigen Zentrum welfischer Macht. Hier errichtete Heinrich der Löwe im 12. Jh. die Burg Dankwarderode, hier steht seitdem auf dem Burgplatz der Braunschweiger (Burg-)Löwe auf seinem Podest. Heute in Kopie, das Original ist in der Burg zu sehen. Begrenzt wird der Platz von schönen Fachwerkhäusern und dem Dom St. Blasii. Dahinter das einzigartige gotische Altstadtrathaus. Von dessen Turm (161 Stufen) überblickt man die ganze Stadt und sieht herunter auf das herrliche mittelalterliche Ensemble des Altstadtmarkts: Seit 700 Jahren wird um den Marienbrunnen herum Markt gehalten (aktuell mittwochs und samstags).

Gewusst, wie

Die 6,5 km langen Umflutgräben der Oker ermöglichen eine dreistündige Stadterkundung Braunschweigs per Kanu oder Stand-up-Paddel. Boote können im Bürgerpark ausgeliehen werden (www.okercabana.de).

Tourist Info: Kleine Burg 14, Braunschweig, Tel. +49 531/470 20 40, www.braunschweig.de

3 Magniviertel

Uralt, knallbunt und quicklebendig: Das Magniviertel um die gleichnamige, im 11. Jh. begründete Kirche ist nicht nur eines der ältesten Stadtviertel Braunschweigs,

Hotels

Frühlingshotel

Ein zentrumsnahes Drei-Sterne-Hotel mit relativ großen Zimmern und freundlichem Personal. Es wird ein gutes, reichhaltiges Frühstück geboten. Ausprobieren sollte man auch das »Vielharmonie«, Hotelrestaurant und Bar, mit feinen Gerichten, guten Weinen und einer Riesen-Gin-Auswahl.
Bankpl. 7, Braunschweig,
Tel. +49 531/24 32 10, DZ ab 99 €,
www.fruehlingshotel.de

Haus zur Hanse

Im 16. Jh. ließ ein Braunschweiger Ratsherr das Haus zur Hanse errichten. Heute beherbergt das Renaissance-Fachwerkhaus ein Restaurant mit stimmungsvollem Ambiente und ein Hotel mit 16 Zimmern. Innen ist alles modernisiert und bietet zeitgemäßen Komfort. Die Zimmer nach hinten sind ruhiger.
Güldenstr. 7, Braunschweig,
Tel. +49 531/2439 00, DZ ab 80 €,
www.oxsteakhouse.com

Landhaus Seela

Etwas außerhalb von Braunschweig, dafür aber idyllisch am Rande des Naturschutzgebietes Riddagshausen liegt das Landhaus Seela – ein gemütliches Vier-Sterne-Hotel mit familiärer Atmosphäre.
Messeweg 41, Braunschweig,
Tel. +49 531/37 00 10, DZ ab 70 €,
www.hotel-landhaus-seela.de

Einzigartige romanische Wandmalereien (von ca. 1230) schmücken das Innere des Braunschweiger Doms.

sondern auch das wohl jugendlichste und hippste. So trifft hier ein vom Pop-Art-Künstler James Rizzi gestalteter fröhlicher Bürobau (von 2001) auf ein Ensemble gut erhaltener mittelalterlicher Fachwerkhäuser. In den Gässchen reihen sich eine Vielzahl reizvoller kleiner Läden, Kneipen und Cafés aneinander. Hier steppt der Löwe.

Magniviertel, Braunschweig, www.magniviertel.de, www.magni-kirche.de

4 Residenzschloss

Kultur oder Kommerz? Beides! Wiederauferstehungswunder oder Sündenfall? Braunschweigs neues historisches Schloss scheidet die Geister. Der in den 1830er-Jahren entstandene klassizistische Schlossbau, der im Zweiten Weltkrieg stark beschädigt und dann 1960 vollständig abgetragen wurde, ist 2006 wiedererstanden – in seiner äußeren Erscheinung.Gebaut von privaten Investoren und verwoben mit dem Neubau einer großdimensionierten Shopping-Mall. Über dem Schloss-Portikus lenkt nun wieder die Stadtgöttin Brunonia ihre vier Rosse (die größte Quadriga Europas, zu der man auch emporsteigen kann). Etwa die Hälfte des Schloss-Inneren wird kulturell genutzt. Im Nordflügel informiert in den unteren Geschossen das Schlossmuseum (mit dem rekonstruierten Thronsaal und vielen originalen Exponaten) über die einstige Welfen-Residenz. Darüber bietet der moderne »Rote Saal« hochkarätige Kulturveranstaltungen – sei es Musik, Theater, Literatur oder Film, sei es klassisch oder zeitgenössisch.

Schlosspl. 1, Braunschweig; Mall: Mo–Sa 9.30–20 Uhr, www.schloss-arkaden.de; Quadriga: Okt.–März tgl. 10–16.30, Apr. bis Sept. tgl. 10–20 Uhr; Museum: Di 10–17, Mi 13–20, Do–So 10–17 Uhr, www.schlossmuseum-braunschweig.de; Programm Roter Saal: www.braunschweig.de

5 Naturhistorisches Museum

In der »Stadt der Löwen« kann man auch echte Löwen ganz aus der Nähe bewundern – im traditionsreichen (seit 1754) und frisch herausgeputzten Naturhistorischen Museum. Löwen, Affen, Pfauen, Seidenraupen (und Hunderte andere Wildtiere) stehen hier beispielsweise im faszinierenden neuen Schaumagazin, als lebensechte, bestens ausgeleuchtete historische Präparate. In dem enorm abwechslungsreich gestalteten Museum laden aber auch lebende Bienenvölker, Reptilien oder Fische und viele andere spannende Präsentationen zum Staunen und (höchst unterhaltsamen) Lernen ein. Lebendiger kann ein Museum eigentlich nicht sein.

Pockelsstr. 10, Braunschweig, Di 9–17, Mi 9–19, Do–So 9–17 Uhr, www.naturhistorisches-museum.de

6 Riddagshausen

Nur ein paar Kilometer vom Stadtzentrum findet sich im Stadtteil Riddagshausen ein ländlich-historisches Idyll: ein mittelalterliches Zisterzienserkloster (Klosterkirche von 1275), dessen zum geschützen Biotop gewordene Teichlandschaft und eine private »Sammlung« alter braunschweigischer Bauernhäuser. Faszinierend!

www.riddagshausen.de

Beste Reisezeit

Jeden ersten Samstag im Monat (Mai–Aug.) ziehen vor dem Schloss die pittoresken »Braunschweiger Jäger« von 1776 als Braunschweiger Schlosswache auf (11–11.30 Uhr, www.braunschweiger-jaeger.de).

30 Elbtalauen

Niedersachsen/Brandenburg

Gar nicht lange her, da war die Elbe der Grenzfluss zwischen zwei verfeindeten Systemen. Auf der einen Seite, im sogenannten Zonenrandgebiet, lebten Menschen in Latzhosen, die sich aus der Hektik der Großstädte zurückgezogen hatten. Auf der anderen Seite wachten Männer mit Ferngläsern über die Einhaltung des Friedens. Die Grenze ist gefallen, von der erzwungenen Stille ist etwas geblieben: eine Insel der Natur mitten in Deutschland, die ohne Aussteiger und Grenzschützer womöglich unter Einkaufszentren und Technologieparks verschwunden wäre. Das länderübergreifende Biosphärenreservat »Flusslandschaft Elbe« steht heute unter dem Schutz der Unesco. Und da die Kultur- und Wissenschaftsorganisation der Vereinten Nationen eine Biosphäre nicht allein als Naturschutzgebiet definiert, sondern auch den Lebensraum und die Lebensformen des Menschen im Auge hat, sind in dem satten, grünen Land am Lauf der Elbe nicht nur der Biber zu beobachten, der seine Dämme baut, und der Adler auf der Jagd. Auch die Rundlingsdörfer im niedersächsischen Wendland, ob sie Meuchefitz, Lübeln oder Schreyahn heißen, dokumentieren uralte Lebensformen, die manchen Bewohner moderner Wohnsilos ins Grübeln bringen könnten. Dazu kommen die Stille eines Abends am Fluss, die reizvollen Fachwerkstädtchen, die vielfältige Kultur … Für Kinder sind die Auewiesen ein Paradies. Ob das mit den vielen Störchen zu tun hat, wird zurzeit noch erforscht.

www.flusslandschaft-elbe.de

Von der Elbe umgeben: die Altstadt von Hitzacker im Winterhochwasser.

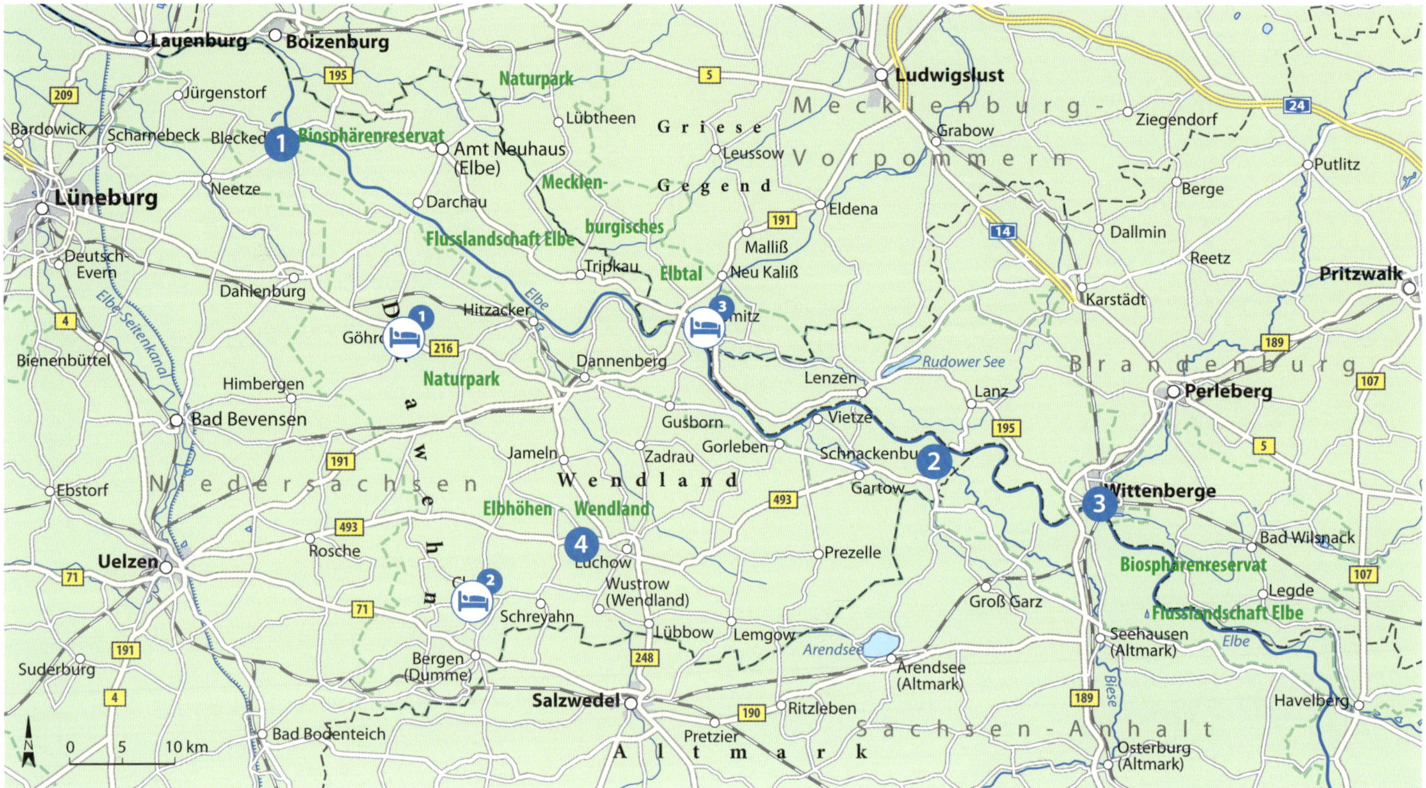

1 Biosphaerium Elbtalaue
2 Schnackenburg
3 Wittenberge
4 Rundlingsdörfer
1 Bio-Hotel Kenners LandLust
2 Sonnenhof im Wendland
3 Hotel Dömitzer Hafen

1 Biosphaerium Elbtalaue

Die Natur- und Kulturlandschaft des mittleren Elbtals mit ihren naturnahen Flussauen steht als »Biosphärenreservat Flusslandschaft Elbe« unter dem Schutz der Unesco, mehrere Bundesländer haben Anteil daran. In den Uferregionen, Überschwemmungsflächen und den größten zusammenhängenden Auenwäldern Mitteleuropas finden Elbe-Biber ebenso Lebensraum wie Fischotter, Störche und zahllose weitere Spezies einer faszinierend vielfältigen Fauna und Flora. Im niedersächsischen Teilbereich des Schutzgebiets bietet das »Biosphaerium Elbtalaue« eine hervorragende Möglichkeit, die Geheimnisse der Stromlandschaft und ihrer Bewohner aus verschiedensten Perspektiven kennenzulernen, einschließlich Aussichtsturm, Elbe-Aquarium und Biber-Station.

www.flusslandschaft-elbe.de; Biosphaerium Elbtalaue: Schlossstr. 10, Bleckede, Apr.–Okt. tgl. 10–18, Nov.–März Mi–So 10–17 Uhr, www.biosphaerium.de

2 Schnackenburg

Als kleinste Stadt Niedersachsens (ca. 600 Einwohner) war Schnackenburg während der deutschen Teilung auf drei Seiten von der DDR umgeben. Das Grenzland-Museum am Hafen informiert über diese Zeit.

Sie sind typisch für das Wendland: mittelalterliche »Rundlingsdörfer« wie Satemin, wo sich traditionelle Höfe um einen gerundeten Anger gruppieren.

Sehenswert sind aber auch Marktplatz, St.-Nikolai-Kirche und Elbehafen. Vom Deichplateau, nordwestlich des Ortes, bietet sich ein fantastischer Ausblick über Elbtal und Auenlandschaft.

www.gartow-erleben.de/schnackenburg
Museum: Am Markt 4, Schnackenburg,
Apr. Di–So 10–16, Mai–Okt. tgl. 10 –17 Uhr,
www.grenzland-museum-schnackenburg.de,

3 Wittenberge

Die Silhouette der brandenburgischen »Stadt der Türme« sieht man schon von Weitem. Zum Stadtpanorama gehören der mittelalterliche Steintorturm mit seinen Zinnen, die Spitzen der evangelischen und der katholischen Kirche, der Kuppelhelm des Rathauses im Stil des Historismus, ein wuchtiger Wasserturm und mit dem riesigen Uhrenturm des ehemaligen Singer-Nähmaschinenwerks ein europäischer »Rekordhalter«.

Tourist Info: Paul-Lincke-Pl. 1, Wittenberge,
Tel. +49 38 77/92 91 81, www.wittenberge.de

4 Rundlingsdörfer

Dörfer wie Gühlitz, Meuchefitz, Jabel oder Satemin gibt es nur im Wendland: »Rundlinge« bestehen aus kaum mehr als einem Dutzend Bauernhäuser, die sich alle um einen runden Dorfplatz gruppieren, mit meist einer einzigen ins Dorf führenden Straße. Im Rundlingsdorf Lübeln informiert ein schönes Museum über die Geschichte der wendländischen Rundlinge.

Wendlandhof, Lübeln 2, Küsten, Apr.–Okt.
Di–So 10–Uhr, www.rundlingsmuseum.de

Hotels

Bio-Hotel Kenners LandLust
Von baubiologischen Renovierungsmaßnahmen über Klimaneutralität bis hin zu Vollwertküche mit vielen Bioprodukten und Naturkosmetik-Behandlungen – Barbara und Kenny Kenner legen viel Wert auf Nachhaltigkeit in ihrem 2010 eröffneten Hotel auf dem Land.
Dübbekold Nr. 1, Göhrde,
Tel. +49 58 55/97 93 00, DZ ab 109 €,
www.kenners-landlust.de,

Sonnenhof im Wendland
Auf eine familiäre Atmosphäre wird in diesem Landhotel viel Wert gelegt. Für Entspannung sorgen nicht nur die idyllische Lage des Gutshofs in einem Rundlingsdorf, sondern auch Sauna, Außenpool, Gartenliegen, ein Fahrradverleih und nicht zuletzt die Kuchen aus der eigenen Konditorei. Wer es etwas abenteuerlicher mag, übernachtet auf duftendem frischem Heu.
Beseland Hof 4, Clenze,
Tel. +49 58 44/971 11 97, DZ ab 76 €,
www.sonnenhof-im-wendland.de

Hotel Dömitzer Hafen
Das stilvolle 3-Sterne-Haus am Elbstrand bietet moderne Zimmer, ein Restaurant mit regionaler Küche und Elbfisch-Spezialitäten, eine Bar sowie ein Panorama-Café mit Dachterrasse und herrlicher Aussicht über das Elbtal.
Hafenpl. 3, Dömitz, Tel. +49 387 58/36 42 90, DZ ab 74 €, www.doemitzer-hafen.de

Von der Orangerie des Schweriner Schlosses ist der Blick über den See einfach einmalig.

31 Schwerin

Mecklenburg-Vorpommern

Das Problem mit den Seen lässt sich rasch aufklären. Ob es sieben sind, an denen Schwerin liegt, oder zwölf – beides ist richtig! Wie das sein kann? Ganz einfach: Das Stadtgebiet hat sich ausgedehnt. Und da Mecklenburg-Vorpommern nun mal das Land der Seen ist, sind zum Ostorfer, dem Lankower oder dem Burgsee mit der Zeit noch ein paar weitere dazugekommen. Wer also auf den Turm des Schweriner Doms steigt – 220 Stufen, schönste norddeutsche Backsteingotik, absolut sehenswert! – der wird sein leuchtend blaues Wunder erleben: Wasser ringsum. Unterbrochen von Landzungen, Waldstücken, stolzen Herrenhäusern, einer vom Geist vieler Jahrhunderte geprägten Stadt. Und mitten drin, auf einer eigenen Insel im riesigen Schweriner See: das Schloss. Ein ganzes Ensemble aus Türmen, Zinnen und Wohngebäuden, hervorgegangen aus einer uralten Festung der Slawen vor mehr als tausend Jahren, ausgebaut, erweitert, neu gebaut, romantisch, trutzig, märchenhaft. Eigentlich ein Stück Weltkulturerbe – die Unesco ist schon aufmerksam geworden. Wer übrigens eine Ähnlichkeit mit dem berühmten Schloss Chambord bei Orléans an der Loire ahnt, der ist den Gedanken der Schlossherren schon dicht auf der Spur: Man dachte eben europäisch, auch damals. Irgendwann aber wird es Zeit, vom Turm wieder hinabzusteigen. Ein Bummel durch die Altstadt, vielleicht über den Markt, in den Alten Garten oder in die Schelfstadt mit ihren liebevoll restaurierten Fachwerkbauten. Man kommt gut ins Gespräch hier; die Menschen sind wie ihre Stadt: freundlich, heiter, lebensfroh. Hat je einer gesagt, die Mecklenburger seien spröde?

www.schwerin.com

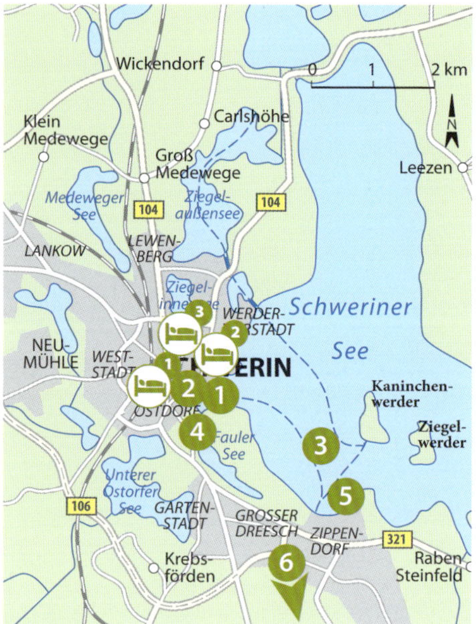

1 Schweriner Schloss
2 Staatliches Museum Schwerin
3 Schweriner See
4 Schleifmühle Schwerin
5 Freilichtmuseum Schwerin-Mueß
6 Ludwigslust
1 Hotel am Schloss
2 Hotel zur Traube
3 Weinhaus Wöhler

1 Schweriner Schloss

Eine vergoldete Prunkkuppel, Türmchen und Erker – das Schweriner Schloss scheint direkt einem Märchen entsprungen. Die ehemalige Residenz der Herzöge und Großherzöge Mecklenburgs liegt mitten im Stadtzentrum, auf einer kleinen Insel. Hinüber kommt man nur über eine steinerne Bogenbrücke. Fast kann man sich vorstellen, wie hier in vergangenen Zeiten prächtige Gespanne vor dem Schloss vorfuhren. Im Gebäude besichtigt man die großherzoglichen Räumlichkeiten, die noch bis 1918, bis zur Abdankung der Regenten, bewohnt wurden. Höhepunkte sind die Ahnengalerie – diese durchschreitet man unter den gestrengen Blicken von 31 Fürstenporträts – und der Thronsaal mit glänzendem Marmor, im Boden eingelassenen, kostbaren Intarsien und vergoldeten Stuckdecken. Zentrum des Raumes sowie der fürstlichen Repräsentation bildet darin der baldachinüberspannte Thron. Seit ihrer Restaurierung 2013 ist auch die Schlosskirche zugänglich mit dem wunderschönen spätgotischen Sternengewölbe in leuchtendem Blau. 1536 erbaut, ist sie Mecklenburgs ältester protestantischer Kirchenbau und damit um einiges älter als das Schloss in seiner heutigen Form, das sein märchenhaft-romantisches Aussehen im Stil des Historismus erst nach umfangreichen Umbauten und Erneuerungen der alten Burg Mitte des 19. Jh. erhielt. Vom Schloss führt eine weitere Brücke in den Schlossgarten – eine der schönsten Barockanlagen Norddeutschlands. Mitte des 19. Jh. wurde das Areal nach Plänen des preußischen Hofgartendirektors Lenné zu einem englischen Garten erweitert. Den Barockgarten schmücken Skulpturen des Bildhauers Balthasar Permoser, die die Jahreszeiten und antike Götter zeigen. Ein Blick zurück von hier aufs Schloss beschert eine wahrhafte Postkartenidylle und das perfekte Fotomotiv.

Lennéstr. 1, Schwerin, Mitte Apr.–Mitte Okt. Di–So 10–18, Ende Okt.–Anf. Apr. bis 17 Uhr, www.museum-schwerin.de

2 Staatliches Museum Schwerin

Das Staatliche Museum präsentiert Mecklenburgs größte Sammlung von mittelalterlicher bis zeitgenössischer Kunst in der Galerie Alte & Neue Meister, im Schloss Schwerin sowie in den beiden ehemaligen Residenzschlössern Güstrow und Ludwiglust. Bedeutsam sind die Werke niederländischer und flämischer Maler des 17. und 18. Jh., u. a. von Rembrandt, Rubens, Jan Brueghel und Frans Hals. Das Museum besitzt eine der umfangreichsten Sammlungen dieser Art. Des Weiteren sind Meisterwerke von Tintoretto und Lucas Cranach d. Ä. ausgestellt. Das 20. und 21. Jh. ist mit Kunst von Ernst Barlach, Marcel Duchamp, Pablo Picasso sowie Sigmar Polke, Rachel Whiteread und Daniel Spoerri vertreten. Ein 2016 frisch fertiggestellter Anbau an der Galerie Alte & Neue Meister ergänzt deren Programm um Installationen, Videos und Objekten u. a. von Ulrike Rosenbach, Aernout Mik, und Jörg Herold.

Galerie: Alter Garten 3, Mitte Apr.–Mitte Okt. Di–So 11–18, Ende Okt.–Anf. Apr. bis 17 Uhr, www.museum-schwerin.de

Beste Reisezeit

Fünf Monate, von Ende April bis Mitte September, ist Schwerin Schauplatz des Kultur- und Gartensommers. Ein vielfältiges Kulturprogramm rund um das Schloss mit Musik, Kunst und Theater, verschiedenen Festen und Märkten bietet Abwechslung.

3 Schweriner See

Vor den Toren der Stadt liegt das schöne Naherholungsgebiet Schweriner See, das zum Spazierengehen, Wandern und Radfahren einlädt. Mehrere Touren führen durch die abwechslungsreiche Landschaft um den Innen- und Außensee. Im Sommer geht es zum Baden an den Sandstrand von Zippendorf. Rundfahrten über den See kann man mit den Schiffen der Weißen Flotte unternehmen (Abfahrt vom Schloss Schwerin).

www.schwerinersee.de, Schifffahrt: Werderstr. 140, Schwerin, Apr.–Okt., www.weisseflotteschwerin.de

4 Schleifmühle Schwerin

Technikmuseum und Schauanlage zugleich ist die historische Schleifmühle am südlichen Ende des Schlossgartens. Hier erfährt man anschaulich, wie Granit im 18. Jh. verarbeitet wurde und mit welcher Wasserkraft aus großen Steinblöcken kleine Steinchen geschliffen wurden. Bei dem romantischen Fachwerkhäuschen handelt es sich um eine Rekonstruktion der Originalmühle aus dem Jahr 1755.

Schleifmühlenweg 1, Schwerin, Apr.–Okt. tgl. 10–17 Uhr, www.schleifmuehle-schwerin.de

Gewusst, wie

Mit Blick auf Schwerin und Mecklenburgs Landschaft schwebt man gemütlich mit einem Ballon über allem und genießt die schöne Aussicht einmal aus einer ganz neuen Perspektive (www.mecklenburger-ballonfahrten.de).

5 Freilichtmuseum Schwerin-Mueß

Im Freilichtmuseum von Schwerin lebt das entschleunigte, bäuerliche Leben von anno dazumal wieder auf. In der 5,5 ha umfassenden Dorfanlage können 13 historische Gebäude aus drei Jahrhunderten – vom 17. bis zum 19. Jh. – besichtigt werden. Doch trotz aller Beschaulichkeit war das dörfliche Leben häufig beschwerlich und von harter körperlicher Arbeit gekennzeichnet. Einblick in dieses gibt eine große volkskundliche Sammlung.

Alte Crivitzer Landstr. 13, Schwerin, Apr.–Sept. Di–So 10–18 Uhr, www.schwerin.de/freilichtmuseum

6 Ludwigslust

Rund eine halbe Stunde von Schwerin entfernt lockt gleich das nächste Juwel: die ehemalige Residenzstadt Ludwigslust. Das Barockensemble um das Schloss wird auch »Versailles des Nordens« genannt. Der Schlosspark ist mit dem Europäischen Gartenpreis ausgezeichnet worden.

Schlossfreiheit, Ludwigslust, Di–So 10–17, Mitte Apr.–Mitte Okt. Di–So 10–18 Uhr, Tel. +49 38 74/571 90, www.museum-schwerin.de

Hotels

Hotel am Schloss
Im Herzen der Landeshauptstadt, unweit des Schweriner Schlosses und Parks, liegt das komfortable Stadthotel. Die Zimmer sind groß und ruhig. Zum Hotel gehört eine kleine Bar in der Lobby, zum Frühstück wird ein reichhaltiges und großes Buffet angeboten.
Heinrich-Mann-Str. 3, Schwerin, Tel. +49 385/59 32 30, DZ ab 90 €, www.hotel-am-schloss-schwerin.de

Hotel zur Traube
Charmantes und gemütliches kleines Hotel, gelegen in der Werderstadt Schwerins. In wenigen Gehminuten erreicht man den Schweriner See, auch zur Innenstadt und zum Schloss ist es nicht weit. Besonders praktisch: Das Hotel bietet einen Fahrradverleihservice an für Ausflüge in die Umgebung.
Ferdinand-Schultz-Str. 20, Schwerin, Tel. +49 385/55 58 58 48, DZ ab 85 €, www.hotel-schwerin.de

Weinhaus Wöhler
Hotel, Weinhaus und Restaurant in einem. Zum 2014 modernisierten und erweiterten Drei-Sterne-Hotel gehören zwölf elegante und großzügig geschnittene Zimmer. Bei dem »Wöhlerhaus« handelt es sich um ein historisches Gebäude aus dem 18. Jh. mit alten Buntglasfenstern in der Weinstube.
Puschkinstr. 26, Schwerin, Tel. +49 385/55 58 30, DZ ab 84 €, www.weinhaus-woehler.de

Brunnen und Renaissance-Pavillion elegant kombiniert: »Wasserkunst« heißt der Star auf Wismars groß(artig)em Markt.

32 Wismar

Mecklenburg-Vorpommern

Wer nach Wismar kommt, den könnte eine feierliche Ehrfurcht ergreifen: so viel Geschichte! Eine so reiche Vergangenheit. Und die Stadt – so prachtvoll wieder aufgeblüht. Der Orkan »Daria« zum Beispiel markierte da einen Wendepunkt: Im Januar 1990, wenige Wochen nach dem Fall des Eisernen Vorhangs, kippte er einen Giebel der im Krieg schwer beschädigten Georgenkirche. Die Stadtväter in Zeiten der DDR hatten den Bau bis dahin einfach verrotten lassen. Der Sturm aber gab das Startsignal für einen Neuaufbau in beispielloser Entschlossenheit. Heute ist die Kirche wieder ein Monument der norddeutschen Backsteingotik; sie erzählt vom Bürgerstolz und dem Wohlstand einer alten Hansestadt. Wie es auch der vor mehr als 800 Jahren erbaute Alte Hafen tut – und vor allem der Marktplatz, hundert Meter zum Quadrat, mit dem Renaissance-Tempelchen der Wasserkunst mitten auf der gepflasterten Fläche: ein Schmuckstück, einer der großzügigsten Plätze in Norddeutschland. Und ganz bestimmt ein wesentlicher Grund für die Unesco, die gesamte Altstadt als Weltkulturerbe unter ihren Schutz zu stellen. Klar, dass so viel Wohlstand Begehrlichkeiten weckte: Seeräuber und Eroberer schrieben sich in die Chronik der Stadt ein. Heute sind ihre Taten nur noch Geschichte, zu erzählen vielleicht im Hause »Alter Schwede« am Markt. Hinter einem Giebel, der die ganze Baukunst der Gotik aufleuchten lässt.

www.wismar.de

1. Nikolaikirche
2. Marktplatz
3. Alter Hafen
4. »phanTECHNIKUM«
5. Insel Poel
6. Langenwerder

- 1 Restaurant Alter Schwede
- 2 Hotel Reuterhaus
- 3 Pension Gutshaus Kaltenhof

Beste Reisezeit

Beim dreitägigen Hafenfest im Juni gibt es Musik, Theater und Aktionen auf mehreren Bühnen, Sportwettkämpfe (von Fassregatta bis Drachenbootrennen) und auch Gelegenheit zu Törns auf alten Segelschiffen wie der Kogge »Wissemara«, dem größten Nachbau einer Kogge aus dem 13. Jh., oder dem 112 Jahre alten Lotsenschoner »Atalanta«.

1 Nikolaikirche

Die spätgotische Backstein-Basilika ist nicht die älteste Kirche Wismars (begonnen um 1370), aber die vielleicht imposanteste: Ihr 37 m hohes, himmelstrebendes Mittelschiff ist eines der höchsten in Deutschland. Von Kriegsschäden weitgehend verschont, ist unter dem gotischen Gewölbe die Ausstattungskunst der Jahrhunderte erhalten: vom romanischen Taufbecken über die Renaissance-Orgel bis zum prachtvollen spätbarocken Hauptaltar. Dazugekommen sind Kunstschätze, die aus der von Fliegerbomben zerstörten Marienkirche gerettet wurden.

Spiegelberg 14, Wismar,
www.kirchen-in-wismar.de

2 Marktplatz

Das Schmuckstück der alten Hansestadt Wismar ist ihr riesiger Marktplatz. Das etwa quadratische Geviert umfasst annähernd 10 000 qm. Ringsherum reihen sich historische Gebäude (einige rekonstruiert), wie das klassizistische Rathaus, die Doppelgiebel der schwedischen Kommandantur (denn von 1648 bis 1803 war Wismar schwedisch), das spätbarocke Reuterhaus und das bekannteste Restaurant der Stadt, »Alter Schwede« (seit 1878), im gotischen Prachtbau. Mitten auf dem Platz prunkt seit der Renaissance die »Wasserkunst« – ein profanes Wasserwerk, kunstvoll als Pavillon verkleidet.

Tourist Info: Lübsche Str. 23a, Wismar,
Tel. +49 38 41 / 1 94 33, www.wismar.de

3 Alter Hafen

Seine geschützte Lage am Ende der Wismarbucht gab Anfang des 13. Jh. den Ausschlag zur Stadtgründung: Über Jahrhunderte war der malerische Alte Hafen das wirtschaftliche Herz der Stadt. Auch wenn hier heute nur noch Kutter der Fischer (auf der Westseite) sowie Ausflugsschiffe der Weißen Flotte und private Yachten (auf der Ostseite) anlegen, bleibt der Glanz der Hansezeit spürbar. Das unverwechselbare maritime Flair sowieso. Wismars eindrucksvolle Backstein-Silhouette sieht man übrigens am besten vom Schiff aus.

www.wismar.de; Hafenrundfahrten: Adler-Schiffe, Alter Hafen 7, Wismar, Tel. +49 38 41 / 22 46 46, www.adler-schiffe.de

4 »phanTECHNIKUM«

Das Technische Landesmuseum präsentiert die Welt der Technik(geschichte) in

In der traditionellen Kulturlandschaft der Insel Poel mit ihren alten Gutshäusern und kopfsteingepflasterten Weiden-Alleen stehen Mensch und Natur in entspanntem Einklang.

einem attraktiv aufbereiteten Erlebniszentrum (seit 2012). Das Spektrum der Einrichtungen ist riesig – vom Feuertunnel, durch den man ein Versuchslabor betritt, bis zur Lufthalle, die Einblicke in die spannende Geschichte der Fliegerei gibt.

Festpl. 3, Wismar, Juli/Aug tgl. 10–18, sonst Di–So 10–17 Uhr, www.phantechnikum.de

5 Insel Poel

Naturbelassene Strände, eine reiche Tier- und Pflanzenwelt und herrliche Fahrradstrecken zeichnen die (auch über einen Damm erreichbare) Insel in der Wismarbucht aus. Hauptort ist Kirchdorf, mit der namensgebenden, wuchtigen Backstein-Inselkirche im romanisch-gotischen Stil.

www.insel-poel.de

6 Langenwerder

Auf der »Vogelinsel« vor Poel brüten Tausende Seevögel, darunter Austernfischer, Seeschwalben, Kraniche. Das Schutzgebiet kann aber nur außerhalb der Brutsaison bei Führungen betreten werden.

Ende Juli–Okt., www.langenwerder.de

Gewusst, wie

Mit dem Couponheft »wismarPLUS« (12 €, erhältlich u. a. in der Tourist Info) bekommt man zahlreiche Ermäßigungen, z. B. für Adler-Ausflugsschiffe, das Erlebnisbad Wonnemar oder das »phanTECHNIKUM« sowie eine gratis Stadtführung.

Hotels

Restaurant Alter Schwede

Wismars ältestes Bürgerhaus wurde um 1380 im späten backsteingotischen Stil (mit luftigem Treppengiebel) am Marktplatz erbaut. Seit dem 19. Jh. trägt es den Namen »Alter Schwede«. Heute erhält man im historischen Ambiente nicht nur (schmackhafte) Kost, sondern auch (behagliches) Logis, in gepflegten, stilvoll-rustikalen Gästezimmern.

Am Markt 22, Wismar,
Tel. +49 38 41/28 35 52, DZ ab 55 €,
www.alter-schwede-wismar.de

Hotel Reuterhaus

Ebenfalls am Markt steht, direkt gegenüber der berühmten »Wasserkunst« das »Reuterhaus«, benannt nach dem lokalen Dichter Fritz Reuter, der in dem spätbarocken Bau Mitte des 19. Jh. seine literarische Karriere begonnen hatte. Das Hotel bietet liebevoll und komfortabel eingerichtete Zimmer.

Am Markt 19, Wismar,
Tel. +49 38 41/222 30, DZ ab 80 €,
www.reuterhaus.phoenix-hotels.de

Pension Gutshaus Kaltenhof

Auf der schönen Insel Poel bietet die Pension komfortable, geschmackvolle Zimmer im renovierten Gutshaus – nur 500 m vom Strand entfernt und umrahmt von alten Obst- und Walnussbäumen. Nach Wismar sind es 15 km.

Gutshof 4–6, Insel Poel-Kaltenhof,
Tel. +49 38 425/42 32 99, DZ ab 76 €,
www.gutshaus-kaltenhof.de

33 Rostock und Umgebung

Mecklenburg-Vorpommern

Rostock war einmal das Tor zur Welt – und ist es heute wieder! Und sicherlich haben die großen, bunten Kreuzfahrtschiffe ihren Anteil daran, die schon bald nach der Wende von hier aus in See stachen. Mittelmeer, Karibik, Indischer Ozean, rund um den Globus – der alte Ostseehafen wurde zum Fernweh-Zentrum der Deutschen. Und erlebte selbst einen Aufschwung sondergleichen: Die Tourismus-Wirtschaft brachte Arbeitsplätze, neuen Wohlstand, Selbstbewusstsein und – Touristen! Die Stadt machte sich fein, historische Bausubstanz wurde gerettet, das Seebad Warnemünde blühte auf. Heute erzählen stolze Kirchen, die Kontorhäuser hanseatischer Kaufleute und prachtvolle Stadttore von großen Zeiten. Auf der Strandpromenade drängen sich die Besucher; der Strand selbst, fein, weiß und geräumig, nimmt's gern mit jedem Südseetraum auf. Und wenn zur Hanse Sail jedes Jahr im August eine Million Sehleute an der Hafenfront stehen oder sogar mitsegeln auf einem Windjammer oder einer Hansekogge – dann könnte man glatt auch hierbleiben.

www.rostock.de

Die beste Sicht auf die Segler der Hanse Sail hat man von den Hafenmolen in Warnemünde.

1 IGA-Park
2 Hafenrundfahrt im Kajak
3 Kulturhistorisches Museum
4 Ostseebad Warnemünde
5 Bäderbahn »Molli«
6 Gespensterwald Nienhagen
Hotel am Hopfenmarkt (1)
Pentahotel (2)
Strandhotel Hübner (3)

1 IGA-Park, Schiffbaumuseum

Ungefähr auf halber Strecke zwischen Rostock und Warnemünde liegt auf dem linken Warnowufer das Paradies. Es misst rund 100 ha und ist die Hinterlassenschaft der Internationalen Gartenbauausstellung IGA 2003. Das Gelände wurde seitdem teilweise renaturiert, geblieben sind die Nationengärten und der 10 000-Tonnen-Frachter »Dresden« auf der Warnow, mit dem Schiffbau- und Schifffahrtsmuseum (www.schifffahrtsmuseum-rostock.de).

Schmarl Dorf 40, Rostock,
Apr.–Okt. 9–18, Nov.–März 10–16 Uhr,
www.iga-park-rostock.de

2 Hafenrundfahrt im Kajak

Zur Hafenrundfahrt mit Schwimmweste und Spritzdecke: In Zweier-Kajaks geht es hinaus auf die Unterwarnow. 2 Std. dauern die Touren, bei denen die Guides ihren Gästen die Geschichte Rostocks von der Slawenburg bis zur Gegenwart nahebringen. Los geht's am Haargraben nahe der Vorpommernbrücke, neben dem Becken des Wassersportvereins »Hanseat«.

Fischerbruch 31, Rostock, Apr.–Okt.
tgl. 10–12 und 14–16 Uhr,
www.stadtpaddeln-rostock.de

3 Kulturhistorisches Museum

In den Gebäuden des mittelalterlichen Zisterzienserklosters »Zum Heiligen Kreuz« befindet sich das Kulturhistorische Museum, eins der ältesten in Norddeutschland. Gezeigt werden bedeutende Zeugnisse Rostocker Stadt- und bürgerlicher Kulturgeschichte.

Klosterhof 7, Rostock. Di–So 10–18 Uhr,
www.kulturhistorisches-museum-rostock.de

4 Ostseebad Warnemünde

Womit soll man anfangen im Ostseebad Warnemünde? Mit dem Kreuzfahrtterminal, Anlegeplatz gigantischer Ozeanriesen, mit der beliebten Flaniermeile am Alten Strom, deren liebevoll renovierte Fischerhäuschen, Lädchen und Cafés zum romantischen Flair beitragen, oder mit dem Leuchtturm und Teepott, den Wahrzeichen Warnemündes. Sehenswert ist auf jeden Fall alles in dem schönen Ostseebad vor den Toren Rostock.

Tourist Info: Am Strom 59, Warnemünde,
Tel. +49 381/381 22 22, www.rostock.de

5 Unterwegs mit dem »Molli«

Seit mehr als hundert Jahren tuckert der Molli, die Mecklenburgische Bäderbahn, unermüdlich auf der Strecke zwischen Bad Doberan, Heiligendamm und Kühlungsborn hin und her. Die Fahrt erfolgt auf Spurweite 900 mm und dauert 40 Min. Bevor man in die Dampfeisenbahn steigt, sollte man in Bad Doberan unbedingt Zeit für einen Besuch des Münsters, eine der schönsten Backsteinkirchen im gesamten Ostseeraum, einplanen. Dessen Hochaltar aus dem 14. Jh. zählt zu den ältesten, noch erhaltenen Flügelaltären. Am Endbahnhof in Kühlungsborn kann man das sehr nette Molli-Museum besuchen.

Am Bahnhof, Bad Doberan, Apr.–Okt.
8.35–18.45 Uhr etwa im Stundentakt,
www.molli-bahn.de

Schietwetter-Tipp

Bei der Lektüre von Alfred Anderschs Klassiker »Sansibar oder der letzte Grund« kann man sich im gemütlichen Lesesessel in die Bewohner von Rerik, einer kleinen Küstenstadt nordwestlich von Rostock, hineinversetzen.

Der Neue Markt ist einer der zentralen Plätze Rostocks, gesäumt an der Westseite von prächtigen Giebelhäusern aus dem 15. und 16 Jh.

6 Gespensterwald Nienhagen

Der Name verspricht Gruseliges, und in der Tat kann der Gespensterwald Nienhagen unheimlich und bizarr wirken, wenn an manchen Tagen der Nebel zwischen den Bäumen hängt und sich die kahlen Stämme gen Himmel recken. Doch wenn die Sonne scheint und für eine besondere Lichtstimmung im Wald sorgt, wirkt alles einfach nur noch faszinierend schön. Für das besondere Aussehen der über 150 Jahre alten Eichen, Eschen und Buchen sorgten die salzige Meeresluft und der Wind, der die hohen, gedrehten Stämme verformte. Durch das Nienhäger Holz, wie der Wald auch genannt wird, führen schöne Rad- und Wanderwege. Vom Ostseebad Nienhagen erreicht man ihn durch einen kürzeren Fußweg, die Promenade und den Strand entlang – auf der einen Seite die Ostsee auf der anderen die Steilküste mit dem Gespensterwald.

Nienhagen, www.ostseebad-nienhagen.de

Gewusst, wo

In Karls Erlebnis-Dörfern befindet sich alles auf einem Fleck: Hofladen, Freizeitpark mit Fahrgeschäften, gläserne Manufaktur, Restaurants. Zwei Dörfer befinden sich in der Nähe von Rostock, das »Pier 7« in Warnemünde und das Erlebnis-Dorf in Rövershagen (www.karls.de).

Hotels

Hotel am Hopfenmarkt
Moderne, komfortable Zimmer und eine günstige Lage zur Innenstadt zeichnen das Hotel am Hopfenmarkt aus. Angeschlossen sind das Steakhouse Leon's und der Hopfenkeller. Ein Frühstücksbüfett im Leon's ist mitbuchbar. Zum Hotel gehört auch ein günstigeres Zweithaus Aalreuse in der Kistenmacherstr. 20.
Buchbinderstr. 10, Rostock,
Tel. +49 381/458 34 43, DZ ab 89 €,
www.am-hopfenmarkt.com

Pentahotel
Cooles Stadthotel mit Altbaufassade im Zentrum von Rostock zwischen Wallanlagen und Marienkirche. Lounge-Atmosphäre in Hallen und Restaurants, Flatscreens mit Sky-TV in den individuell designten Zimmern.
Schwaansche Str. 6, Rostock,
Tel. +49 381/497 09 02, DZ ab 79 €,
www.pentahotels.com

Strandhotel Hübner
In schöner Lage zum Ostseestrand befindet sich das Hübner, Traditionshotel in Warnemünde. Im Haus kann man den großen Wellnessbereich mit Blick aufs Meer nutzen und beim Entspannen die ein- und ausfahrenden Schiffe beobachten. Oder man geht abends in die hoteleigene Bar.
Seestr. 12, Warnemünde,
Tel. +49 381/543 40, DZ ab 120 €,
www.hotel-huebner.de

34 Fischland-Darß-Zingst

Mecklenburg-Vorpommern

Da war dieser Galerist aus Berlin, Dieter Brusberg, der sich gern aus dem hektischen Kunstbetrieb für ein paar Tage nach Ahrenshoop zurückzog, in die Stille des Ostseebades auf der schmalen Landzunge Fischland-Darß-Zingst. Fragt ihn eines Tages der Hotelbesitzer, wie ihm denn die Kunst an den Wänden gefalle. Wenn Sie das ehrlich meinen, antwortet der Kenner, dann muss alles raus! So kam 2013 erst die Ausstellung »Berlin am Meer« dorthin, wo sie hingehört. Und bald die Ausstattung für ein Museum, Brusbergs Vermächtnis, das die Tradition der kleinen Künstlerkolonie fortschreibt und zugleich die ebenso traditionsreiche Verbindung zur Hauptstadt bestätigt: Berliner kommen mit Wonne in diese Idylle aus gemütlichem Seebad und wogendem Kiefernwald, vergessen die Zeit auf langen Strandwanderungen bis in die unberührte Wildnis des Nationalparks Vorpommersche Boddenlandschaft. Beobachten Kraniche und Fischotter in ihrem Habitat. Steigen auf eine Düne. Radeln durch eine Pappelallee. Freuen sich an den Fischerhäusern in den Dörfern. Kehren zurück und lassen sich verwöhnen. Oder verkriechen sich in ein Strandhaus mit Blick aufs Wasser und nehmen sich bis zum Abend nichts anderes vor, als im Liegestuhl zu liegen und die eigenen Zehen zu zählen. Stadtmenschen tanken frische Salzluft, Künstler Ideen. Und Kinder haben einen Mordsspaß hier.

---

www.fischland-darss-zingst.de

An der Westküste der Halbinsel
geht der urtümliche Darßwald
in die Stranddünen über.

1. Ahrenshoop
2. Natureum (Nationalpark Vorpommersche Boddenlandschaft)
3. Zingst
4. Seemannskirche Prerow

Hotels:
1. Strandhotel Dünenmeer
2. Ostseehotel Wustrow
3. Hotel Seebrücke

1 Ahrenshoop

Reetgedeckte Kapitäns-, Matrosen- und Fischerhäuser bestimmen das Straßenbild. Ende des 19. Jh. hatten Künstler das weltabgeschiedene kleine Ostseebad (und seine pittoreske Umgebung) für sich entdeckt. Das überregional bedeutende Kunstmuseum präsentiert heute Werke der Ahrenshooper Künstlerkolonie, aber auch der deutschen Klassischen Moderne und der Gegenwartskunst. Wie alle Ostseebäder auf der Halbinsel kann das schmucke Ahrenshoop aber natürlich auch mit einem breiten, feinsandigen Strand aufwarten.

Tourist Info: Kirchnersgang 2, Ahrenshoop, Tel. +49 382 20/66 66 10, www.ahrenshoop.de; Kunstmuseum: Weg zum Hohen Ufer 36, Di–So 10–17 Uhr, www.kunstmuseum-ahrenshoop.de

2 Nationalpark Vorpommersche Boddenlandschaft

Hoher Himmel und weites Land, Salzwiesen und Schilfgürtel, Meer- und Brackwasser, Strand und Brandung, sogar Urwald wie im Darßwald oder Küstenüberflutungsmoore sind hier zu erleben. Der Nationalpark erstreckt sich über die Küstengewässer der Ostsee, weite Teile der Halbinsel Darß-Zingst und der dahinterliegenden Lagunenlandschaft der »Bodden«. Der unterschiedliche Salzgehalt zwischen flachem Bodden und Meer sorgt für eine Vielfalt an Flora und Fauna – vom Ostsee-Hering, der hier laicht über durchziehende Kraniche und Wildgänse zu jagenden Fischadlern, brünftigem Rotwild oder wiedergekehrten Kegelrobben. Viele Hintergrundinformationen zu Flora und Fauna (und eine schöne Aussicht) im »Natureum« beim Leuchtturm Darßer Ort.

www.nationalpark-vorpommersche-boddenlandschaft.de; Natureum: Darßer Ort 1–3, Born am Darß (nicht mit dem Pkw erreichbar), Nov.–Apr. Mi–So 11–16, um Ostern tgl. 11–16, Mai, Sept./Okt. tgl. 10-17, Juni–Aug. tgl. 10-18 Uhr, www.natureum-darss.de

Gewusst, wo

Für Radler führt der Fischland-Darß-Zingst-Rundweg (205 km, als mehrtägige Tour in 4 Etappen) überwiegend auf ruhigen Nebenstrecken um die Halbinsel; es verkehren z. T. auch Linienbusse mit Anhängern für Fahrräder (www.adfc-mv.de, www.auf-nach-mv.de).

Der feinsandige Strand von Ahrenshoop wird tgl. von 9 bis 17 Uhr auch von DLRG-Rettungsschwimmern überwacht.

3 Zingst

Vom ehemaligen Fischerdorf hat sich Zingst zu einem attraktiven Seebad (inzwischen: Ostseeheilbad, mit entsprechender Infrastruktur) und zum größtem Ort auf der Halbinsel entwickelt. Aushängeschild ist nicht zuletzt der 15 km lange, flache und feinsandige Strand. Dessen Mittelpunkt ist die Zingster Seebrücke, die sich (seit 1993) 270 m in die Ostsee erstreckt (und insbesondere bei Anglern äußerst beliebt ist).

Tourist Info: Seestr. 56, Zingst, Tel. +49 382 32/81 50, tgl. 9–21 Uhr, www.zingst.de

4 Seemannskirche Prerow

In dem mächtigen Backsteinbau inmitten des alten Prerower Friedhofs sind die Seefahrerfamilien der Halbinsel begraben. Im spätbarocken Inneren hängen an der Decke Kristallleuchter und uralte Schiffsmodelle als Votivgaben der Seefahrer.

Kirchenort 1, Prerow, Di–Sa 10–16, So 12 bis 16 Uhr, www.ostseebad-prerow.de

Beste Reisezeit

Ab Ende Mai bis Anfang Juni dreht sich in Zingst alles um die Fotografie (www.erlebniswelt-fotografie-zingst.de). Von Juni bis August finden auf Fischland und dem Darß fast jedes Wochenende in einem anderen Ort traditionelle Reitwettbewerbe im Tonnenabschlagen statt. Im Herbst lockt die Beobachtung der durchziehenden Kraniche.

Hotels

Strandhotel Dünenmeer
Eingebettet in die traumhafte Dünen- und Küstenwald-Landschaft bei Dierhagen auf Fischland, gehört das 4-Sterne-Superior Haus zu den unbestrittenen Top-Adressen. Geboten werden luxuriöse moderne Wellness-Welten und ein exklusiver Logenplatz für Sonne, Wind und Wellen.
Birkenallee 20, Dierhagen, Tel. +49 382 26/50 10, DZ ab 276 €, www.duenenmeer.com

Ostseehotel Wustrow
Das familiengeführte Hotel in einem traditionellen Reetdachhaus (mit Nebengebäude) liegt direkt am kilometerlangen weißen Sandstrand von Fischland. Komfortabel und gemütlich eingerichtete Zimmer, ein gut ausgestatteter Wellnessbereich und das maritim geprägte Restaurant überzeugen.
Fischländer Weg 35, Wustrow, Tel. +49 382 20/62 50, DZ ab 68 €, www.ostseehotel-wustrow.m-vp.de

Hotel Seebrücke
In Zingst in zweiter Reihe liegend bietet das 3-Sterne-Haus nur teilweise Meerblick, aber eine ruhige Lage, großzügige und komfortable Zimmer, ansprechendes modernes Design, zwei Saunen, Frühstück und Restaurant von ambitionierter Qualität sowie zuvorkommenden Service.
Seestr. 52, Zingst, Tel. +49 382 32/840, DZ ab 65 €, www.hotel-seebruecke.net

35 **Stralsund**

Mecklenburg-Vorpommern

Hansestädte sind anders. Die Luft ist anders hier, die Häuserfronten sind es. Wo seit Jahrhunderten Bürgersinn und Respekt den Umgang miteinander prägen, atmet es sich einfach freier. Für Stralsund gilt das doppelt, denn die Handelshäuser und Kontore mit ihren stolzen Giebeln stehen bis an den Strelasund. Das Segelschiff »Gorch Fock 1« hat hier festgemacht, eine spektakuläre Brücke geht über den Meeresarm. Drüben liegt Rügen. Und vom Turm der Marienkirche, der einmal der höchste der Welt war, geht der Blick zu allen Seiten aufs Wasser. Vorn am Hafen hebt sich ein schneeweiß schimmerndes, elegant geschwungenes Juwel aus dem Rotklinker der Häuser – das Ozeaneum, Bühne für alle Wunder des Meeres von hier bis zum nordatlantischen Polarmeer. Die Altstadt gehört seit 2002 zum Weltkulturerbe der Unesco, das Haus der ozeanischen Wunder wurde 2010 zum besten Museum Europas gewählt. Und beides fügt sich zu spannender Nachbarschaft. Jede Stadt ist eben ein Abbild des Bürgersinns, der in ihren Mauern waltet.

www.stralsundtourismus.de

Das Ozeaneum widmet sich dem faszinierenden Lebensraum Meer.

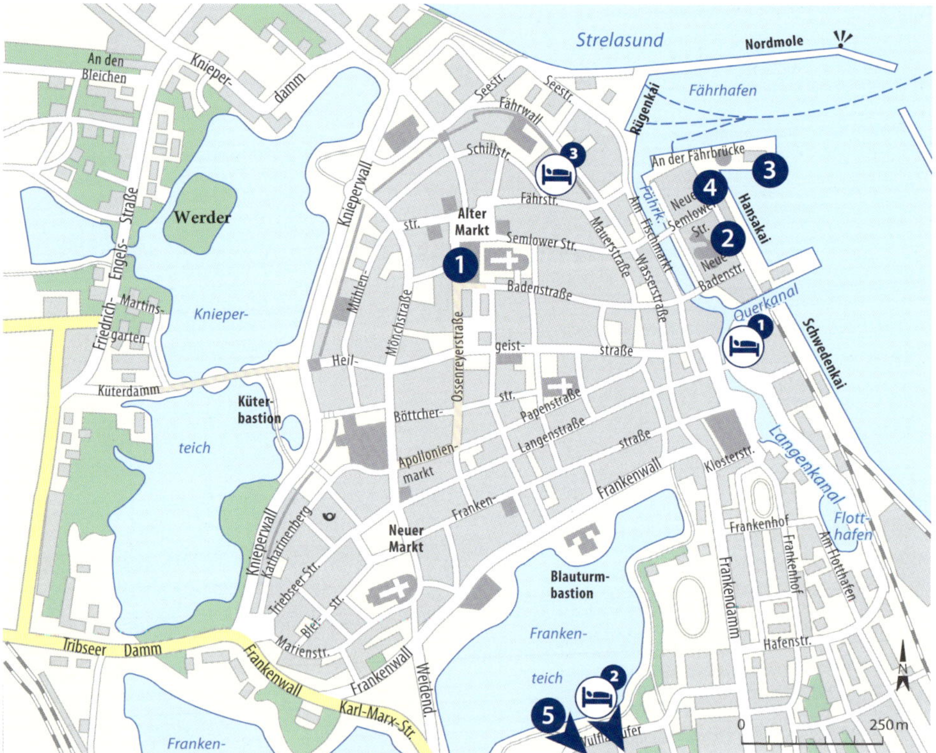

1 Altstadt Stralsund
2 Ozeaneum
3 Gorch Fock
4 Skurrileum
5 Halbinsel Devin
Kontorhaus (1)
Kurhaus Devin (2)
Scheelehof (3)

Gewusst, wie

Unter dem Motto »von der Hanse in den Mund« führt eine Genießertour zu Stralsunds kulinarischen, aber auch geschichtlichen Höhepunkten – also nicht nur ein Gaumen-, sondern auch ein Augenschmaus. Die finstersten Geheimnisse der Stadt werden auf einer Nachtwächterführung preisgegeben (www.stralsund-tourismus.de).

1 Altstadt Stralsund

812 Gebäude, die unter Denkmalschutz stehen – das kann nicht jede Stadt aufweisen, aber Stralsund, deren Altstadt seit 2002 zum Unesco-Weltkulturerbe gehört. Hier stehen einige der schönsten Exemplare norddeutscher Backsteingotik wie das Rathaus, um 1400 errichtet, oder die imposante Nikolaikirche mit dem farbenprächtigen Innenraum, die älteste Kirche Stralsunds. In der Marienkirche lohnt sich der Aufstieg auf den 104 m hohen Turm, der Blick bis nach Rügen ist sagenhaft – auch wenn man dafür erst 366 Stufen hinter sich bringen muss. Wieder auf dem Boden kann man durch die Gassen schlendern und die alten Giebelhäuser bewundern, eins der schönsten ist das Wulflamhaus beim Rathaus. Ein Bürgermeister ließ es sich Ende des 14. Jh. errichten.

Tourist Info: Alter Markt 9, Stralsund, Tel. +49 38 31/246 90, www.stralsundtourismus.de

2 Ozeaneum

Als es 2008 eröffnet wurde, war es eine Sensation. Zwei Jahre später wurde es zum Europäischen Museum des Jahres gekürt, und heute ist es eine der meistbesuchten Sehenswürdigkeiten an der Ostseeküste. Auf denkbar spektakuläre Weise widmet sich das Ozeaneum dem Lebensraum Meer. Das ist nicht nur informativ und ökologisch korrekt, sondern vor allem ein Augenschmaus. Grandios sind die Aquarien, allen voran das 2,6 Mio. l fassende Aquarium »Offener Atlantik«. Grandios sind auch das Schwarmfischbecken, in dem Heringe ihre meditativen Kreise ziehen, und das Tunnelaquarium, das die Unterwasserwelt vor Helgoland darstellt, und in dem Katzenhaie, Dorsche und Seelachse über den Köpfen der Besucher entlangschwimmen. Auf der Dachterrasse geht es weiter zum Besuch der Humboldt-Pinguine, die auch unter Wasser beobachtet werden können.

Hafenstr. 11, Stralsund, Juni–Sept. tgl. 9.30–20, Okt.–Mai 9.30–18 Uhr, www.ozeaneum.de

Auf soliden Füßen steht das Stralsunder Rathaus – der obere Teil ist nur Schmuckfassade.

3 Gorch Fock

Sie ist ein deutscher Mythos: 1933 für die Reichsmarine gebaut, bei Kriegsende 1945 im Strelasund versenkt, 1947 wieder gehoben, nach vielen Hochsee-Einsätzen unter dem russischen Namen »Towarischtsch« im Jahr 2003 vom Verein »Tall Ship Friends« erworben und in den alten Heimathafen Stralsund zurückgeholt. 82 m lang und 37 m hoch, gilt die Dreimastbark bis heute als eines der schönsten Segelschiffe, die je gebaut wurden – wovon man sich ganzjährig an Bord überzeugen kann. An Deck besichtigt man die verschiedenen Kapitäns- und Mannschaftsräume.

An der Fährbrücke, Stralsund, Apr.–Okt. tgl. 10–18 Uhr, Nov.–März tgl. 10–16 Uhr, www.gorchfock1.de

4 Skurrileum

In Stralsund bekommen Besucher nicht nur eine einzigartige Altstadt mit Weltkulturerbe-Status geboten, sondern auch ein Museum für komische Kunst mit Gute-Laune-Mission. In der jährlich wechselnden Ausstellung werden Karikaturen, witzige Cartoons und Bilder gezeigt. Da sollte noch dem letzten Griesgram ein Schmunzeln zu entlocken sein …

Hafenstr. 7, Stralsund, Mai–Okt. tgl. 11–18 Uhr, www.skurrileum.de

5 Halbinsel Devin

Ein knapp 4 km langer Rundweg führt einmal herum um die Halbinsel. Zu entdecken gibt es seltene Tier- und Vogelarten wie den Fischotter, die Große Königslibelle, Eisvögel oder Gras- und Moorfrösche. Im Naturschutzgebiet Devin blühen zudem prächtige Orchideen und andere geschützte Blumenarten.

Dorfstr., Stralsund, www.halbinsel-devin.de

Gewusst, wo

Am Rand von Stralsund liegt der Freizeitpark Grünhufer Bogen – der ideale Ort, um einen Nachmittag zu verbringen, z. B. im Freizeit- und Wasserpark Hansedom oder im familienfreundlichen Stralsunder Zoo oder einfach beim Shoppen im Einkaufszentrum Strelapark.

Hotels

Kontorhaus
Geschmackvolles Hotel in schöner Lage am Querkanal im Hafen. In Fußnähe erreicht man das Ozeanum, die Gorch Fock und die Altstadt Stralsunds. Die Zimmer zum Hafen bieten einen wunderschönen Ausblick auf den Strelasund.
Am Querkanal 1, Stralsund,
Tel. +49 38 31/28 98 00, DZ ab 95 €,
www.hotel-kontorhaus-stralsund.de

Kurhaus Devin
Im Kurhaus Devin logiert man in modern eingerichteten Zimmern hinter einer historischen Fassade und inmitten einer idyllischen Landschaft. In der hauseigenen Salzgrotte oder im Wellnessbereich entspannt man, nach hundert Metern ist man beim Strelasundstrand.
Deviner Park 1, Stralsund,
Tel. +49 38 31/667 63, DZ ab 74 €,
www.kurhaus-devin.de

Scheelehof
Das Romantik-Hotel steht genau zwischen Altem Markt und Hafen. Eigentlich handelt es sich um ein Ensemble aus fünf Häusern (die beiden ältesten stammen aus dem 14. Jh.), das in den Jahren 2010/2011 aufwendig restauriert wurde. Ausgezeichnetes Gourmet-Restaurant »Scheel's«, gemütliche Kellerkneipe »Scheel's Labor«.
Fährstr. 23–25, Stralsund,
Tel. +49 38 31/28 33 00, DZ ab 125 €,
www.scheelehof.de

36 Rügen

Mecklenburg-Vorpommern

Seit Caspar David Friedrich seine Kreidefelsen auf Rügen gemalt hat, haben die Deutschen einen Ort, an dem ihre Seele zu Hause ist. Doch jetzt kommt die Überraschung: Diesen Ort gibt es gar nicht! Jedenfalls nicht so, wie er auf dem berühmten Gemälde zu sehen ist – das Original hängt in Winterthur in der Schweiz, aber jeder kennt die Abbildung aus seinen Schulbüchern. Erstens nämlich ist die schroffe, schneeweiße Küste ständigem Wandel unterzogen. Immer wieder reißen Wind und Meer große Brocken in die Tiefe; was gestern war, kann heute schon ganz anders aussehen. Und zweitens hat der Maler aus Greifswald in seinem Atelier die Eindrücke vieler Wanderungen über die Insel aus seinen Skizzenbüchern zu einem Idealbild verschmolzen. Was soll's? Wem schadet es? Wer am hoch aufgereckten Königsstuhl unterwegs ist oder am Kap Arkona, wer unten am Strand nach Muscheln und Fossilien sucht oder sich oben eine Brise um die Nase wehen lässt – der erlebt ein immer neues Bild von Natur, Freiheit, vielleicht von Glück. Kurz: von dem, was Friedrich seinem Publikum vermitteln wollte. Nicht umsonst war er der große Künstler der Romantik. Aber auch ohne den Abstecher in die Geistesgeschichte schafft es die Insel immer wieder, in ihren Besuchern ein ganz eigenes Gefühl von Ehrfurcht zu wecken: Im Buchenwald des Nationalparks Jasmund – seit 2011 steht er als Weltnaturerbe unter dem Schutz der Unesco – verstummt alle Hektik. Und auch muntere Seebäder wie Binz oder Sellin mit ihren Villen aus Kaisers Zeiten können und wollen nicht verleugnen, dass sie einst Fischerdörfer waren, deren reetgedeckte Katen sich unter den hohen Himmel duckten. Die Stille der Natur ist überall zu hören. Wie auf einem Gemälde von Caspar David Friedrich.

www.ruegen.de

Zeugnis von Rügens Bäderarchitektur – die Selliner Seebrücke mit Kaiserpavillon.

1. Groß Zicker
2. Naturerbe Zentrum Rügen
3. Putbus
4. Königsstuhl
5. Kap Arkona

- (1) Hotel Bernstein
- (2) Gutshaus Ketelshagen
- (3) Schloss Spyker

1 Groß Zicker

In Rügens vielleicht schönstem Dorf hat sich die alte Tradition reetgedeckter Dächer gehalten. Von Generation zu Generation wurde das Handwerk weitergegeben, die Fischer und Bauern schnitten das Schilfrohr, das hier wächst, selbst, banden es und verwendeten es für ihre Dächer. Eins der auffälligsten Gebäude im Ortsteil ist das Pfarrwitwenhaus von 1723. Das »Zuckerhuthaus« mit spitzem Dach musste ohne Schornstein auskommen und war lange Zeit bescheidene Wohnstatt mittelloser Pfarrwitwen, seit 1988 ist es ein Museum. In Groß Zicker steht auch das älteste Gebäude auf der Halbinsel Mönchsgut, die kleine gotische Dorfkirche mit einer über 500 Jahre alten Glocke.

Pfarrwitwenhaus: Dorfstr. 21, Groß Zicker, Apr./Mai/Okt. Mo–Fr 11–16, Sa/So 13–16, Juni/Sept. Mo–Fr 10–17, Sa/So 13–17, Juli/Aug. Mo–Fr 10–18, Sa/So 13–18 Uhr, www.kirche-auf-moenchgut.de

2 Naturerbe Zentrum Rügen

Vom Adlerhorst, einem Baumwipfelpfad, und dessen 40 m hohem Aussichtsturm in der Mitte blickt man weit über Rügens schöne Lande – bei guter Sicht bis nach Stralsund – und kann sich wie der König der Lüfte in seinem Nest fühlen. Mit etwas Glück sind auch echte, in der Gegend heimische Seeadler bei ihren schwindelerregenden Flügen zu sichten. In der Erlebnisausstellung des Naturerbe Zentrums erfährt man viel Wissenswertes über die hiesigen Ökosysteme und die besondere Landschaft der Insel Rügen. Ergänzt wird die Dauerausstellung durch einen vor allem für Kinder interessanten Entdeckerpfad mit 1250 m Länge: Hier kann man mithilfe eines speziell-justierten Fernglases so weit und scharf sehen wie ein Adler oder die Entwicklung eines Schmetterling vom Ei über die Raupe bis zur Verpuppung nachverfolgen.

Forsthaus Prora 1, Binz, Jan.–März tgl. 9.30–16.30, Apr./Okt. bis 17.30, Mai–Sept. bis 19.30, Nov./Dez. bis 16 Uhr, www.nezr.de

Beste Reisezeit

Spannend wird es im Örtchen Ralswiek, wenn der Seeräuber und gebürtige Rüganer Klaus Störtebeker von Juni bis August bei den nach ihm benannten Festspielen die Naturbühne am großen Jasmunder Bodden erstürmt (www.stoertebeker.de).

3 Putbus

Putbus – das ist ein klassizistischer Traum in Weiß und Fürst Wilhelm Malte I. Vorstellung von einer angemessenen Residenzstadt, die er Anfang des 19. Jh. passend zu seinem Stammsitz und Schloss anlegen ließ. Der weit gereiste und vielseitig gebildete Fürst zeichnet verantwortlich für die gesamte Anlage des Ensembles. Sehenswert ist der kreisrunde Circus, ein riesiger Platz mit Parkanlage, auf den alle Straßen zulaufen. Wegen der zahlreichen roten Rosenstöcke vor den Gebäuden wird Putbus auch die Rosenstadt genannt.

Tourist Info: Alleestr. 2, Putbus, Tel. +49 383 01/431, www.ruegen-putbus.de

4 Königsstuhl

Wer die Kreideküste nicht besucht hat, hat Rügen nicht gesehen. V. a. den Felsvorsprung Königsstuhl, rosig im Morgenlicht und dann schneeweiß. Keine noch so pittoreske Postkarte gibt annähernd die Wirklichkeit wieder. Im 2500 ha gro-

Schon Caspar David Friedrich verewigte die berühmten »Kreidefelsen auf Rügen«.

ßen Nationalpark Jasmund durchziehen wunderschöne Wanderwege und Hochuferpfade mit immer neuen Ausblicken das Gebiet voller Quellen, Seen und Moore. In Jasmund befinden sich auch Überreste uralter Buchenwälder, fast unberührt, so wie sie vor 4000 Jahren Gesamteuropa bedeckten. Diese gehören seit 2011 zum Unesco-Weltnaturerbe.

4 km nördl. von Sassnitz,
www.koenigsstuhl.com

Gewusst, wie

Spezialitäten der Insel und frische Produkte aus der Region kauft man am besten auf dem Rügen-Markt in Thiessow (Mai–Okt., Di–Do 10–16 Uhr) oder in einem der vielen Hofläden (www.ruegenprodukte.de).

5 Kap Arkona

Am Standort des slawischen Burgwalls, an dem die Ranen im 6. Jh. die Jaromarsburg mit dem Tempel für ihren vierköpfigen Gott Svantevit bauten, sind kaum mehr Reste des Burgwalls auszumachen. Zu sehen sind der ehemalige Funkpeilturm der Kriegsmarine, heute ein Ausstellungszentrum, und ein Stück entfernt zwei Leuchttürme, wovon der höhere noch in Betrieb ist. Von der Aussichtsplattform des kleineren Backsteinturms sieht man, bei klarer Sicht, bis hinüber zur Insel Møn. Gegenüber kann man zum Strand hinuntersteigen oder bis zum nördlichsten Inselpunkt Gellort laufen. Noch ein Stückchen weiter, und man kommt zum Granitfindling Söbensniedersteen, so groß, dass sieben Schneider darauf Platz haben sollten.

www.kap-arkona.de

Hotels

Hotel Bernstein
Im Hotel Bernstein, gelegen im traditionsreichen Ostseebad Sellin, übernachtet man mit Blick auf die Kreidefelsen und wird sanft von dem Rauschen der Ostsee in den Schlaf gewiegt. Ausgeruht geht es dann am nächsten Morgen auf die Seebrücke Sellin, die längste Deutschlands, oder auf eine Entdeckungstour rund um die Insel.
Hochuferpromenade 8, Sellin,
Tel. +49 383 03/17 17, DZ ab 53 €,
www.hotel-bernstein.de

Gutshaus Ketelshagen
Inmitten der wunderschönen Natur des Biosphärenreservat Südost-Rügen befindet sich das Gutshaus Ketelshagen und besticht mit seiner liebevollen Einrichtung. Von hier ist man schnell in Bergen, dem Zentrum Rügens, und in dem klassizistischen Luftkurort Putbus.
Ketelshagen 4, Putbus, Tel. +49 383 01/883 00, DZ ab 63 €, www.ruegen-gutshaus.de

Schloss Spyker
Das älteste Schloss der Insel bietet das passende Ambiente für einen ruhigen und gepflegten Aufenthalt auf Rügen. Zum Hotel gehört auch ein schöner Schlosspark, in dem im Sommer ein wöchentlicher Markt sowie im Advent ein Weihnachtsmarkt stattfinden.
Schlossallee 1, Glowe, Tel. +49 383 02/770, DZ ab 105 €, www.schloss-spyker.de

Magische Lichtstimmung: Die Klosterruine Eldena faszinierte schon Caspar David Friedrich.

37 Greifswald und Umgebung

Mecklenburg-Vorpommern

Achtung, nicht erschrecken! Was sich da wenige Schritte neben der Straße Richtung Wolgast und zur Insel Usedom auftut, ist nicht etwa das Bild gewordene Programm der deutschen Romantik – es ist Realität. Zwischen den uralten, von knorrigen Eichen beschatteten Mauerstümpfen des Klosters Eldena lösen sich zweihundert Jahre auf in eine Sekunde Ewigkeit. Genau hier muss der in Greifswald geborene Maler Caspar David Friedrich gestanden haben, immer wieder; seine Bilder der Ruine begleiten den Lauf der Jahreszeiten. Gleich dahinter liegt das Meer, Rügen gewissermaßen im Rückspiegel. Wo das Flüsschen Ryck aus der Stadt kommend in die Ostsee mündet, gibt es einen Badestrand, auch ein Yachtclub ist in der Nähe. Es kann ja nicht immer grauer Herbst oder Winter sein. Die Stadt allerdings ist sich ihrer ideengeschichtlichen Verantwortung bewusst. Es gibt ein Studienzentrum mit Ausstellung zu Leben und Werk des großen Malers, von dort einen Bildweg durch die Stadt und hinaus, über 15 Stationen auf 18 km, und immer wieder kommt dieses Gefühl inniger Vertrautheit auf. Auch die Universität setzt sich mit den großen Denkern der Romantik auseinander. Den Namen des Dichters Ernst Moritz Arndt jedoch hat der akademische Senat abgelegt: passt nicht mehr in unsere Zeit. Caspar David Friedrich aber bleibt. Sicher auf ewig.

www.greifswald.info

1 Pommersches Landesmuseum
2 Klosterruine Eldena
3 Wiecker Brücke
4 Skulpturenpark Katzow
5 Freest

Hotel 1 Hôtel Galerie
Hotel 2 Hotel Leuchtfeuer
Hotel 3 Hotel Utkiek

1 Pommersches Landesmuseum

Ein Ensemble aus drei historischen Bauten verschiedener Epochen zeigt schon von außen Vision und Anliegen des Museums, die Landesgeschichte Pommerns umfänglich darzustellen. Bei 14 000 Jahren – das älteste Exponat ist ein Werkzeug aus der Altsteinzeit – klingt das langwierig, dem ist aber nicht so. In einer interessanten Ausstellung vermittelt das Museum die Entwicklung des Ostseeraums, den Aufstieg kleiner Städte zu mächtigen Verbündeten der Hanse sowie das alltägliche Leben der Menschen in der Region. Im klassizistischen Quistorp-Gebäude aus dem 18. Jh. ist die Gemäldegalerie mit Werken von u. a. Caspar David Friedrich untergebracht. Das »Graue Kloster«, ein ehemaliges Armen- und Altenheim aus dem 19. Jh., bildet das Hauptgebäude mit den Dauerausstellungen zur Erd- und Landesgeschichte. Diverse Sonderausstellungen finden im alten Guardian-Haus statt, einem Überrest der Klosteranlage, auf dessen Areal heute das Museum steht. Übergreifendes Element ist die Museumsstraße, ein gläserner Neubau, der Zeiten, Epochen und Bauwerke miteinander verbindet.

Rakower Str. 9, Greifswald, Mai–Okt. Di–So 10–18, Nov.–Apr. 10–17 Uhr, www.pommersches-landesmuseum.de

2 Klosterruine Eldena

Von dem einst stolzen Zisterzienserkloster sind heute nur noch die Ruinen übrig geblieben. Doch diese Ruinen sind umso bedeutungsvoller, nicht zuletzt, da sie Caspar David Friedrich auf verschiedenen seiner Gemälde verewigte. Besucht man den Ort, besonders in den Abend- oder frühen Morgenstunden, so lässt sich etwas von der besonderen, entrückt-eindrücklichen Stimmung einfangen, wie auf einem romantischen Gemälde.

Wolgaster Landstr. 41, Greifswald, www.greifswald.de, www.caspar-david-friedrich-greifswald.de

3 Wiecker Brücke

Wahrzeichen des Fischerdorfs ist die historische Holzklappbrücke. Die Brückenhälften werden immer noch bei Schiffsverkehr per Hand hochgezogen. Ein schöner Treidelpfad führt vom Museumshafen Greifswald den Ryck entlang nach Wieck.

Am Ryck, Wieck

Schietwetter-Tipp

Die Schriftstellerin Doris Gercke ist ein Kind Greifswalds. Aus ihrer Feder stammen u. a. die erfolgreichen und spannenden Bella-Block-Krimis, Vorlagen für die Fernsehreihe – genau das Richtige, um damit einen regnerischen Nachmittag zu verbringen.

1887 nach holländischem Vorbild erbaut, führt die Holzklappbrücke in Wieck noch heute über den Fluss Ryck. Die beiden Hälften werden mit einer Handkurbel hochgezogen.

4 Skulpturenpark Katzow

1991 fing alles mit »Drei Figuren« an, einer Skulptur, die der Bildhauer Thomas Radeloff bei Katzow auf eine Wiese stellte. Über die Jahre wurden daraus mehr als 100 Werke von 96 Künstlern aus 23 Ländern. Der Skulpturenpark ist mit 20 ha der größte Europas und eine beeindruckende Gesamtinstallation. Skulpturen und Landschaft bilden einen kontrastreichen Gegensatz, der fast etwas Zeitloses, Unvergängliches hat, wenn sich vor dem Blau des Himmels und dem Grün der Wiesen die bis zu 18 m hohen Figuren aus Holz und Stahl erheben.

Dorfstr. 45, Katzow, ganzjährig,
www.skulpturenpark-katzow.eu

5 Freest

Frisch renoviert und erneuert wurden die farbenfrohen Fischerhäuschen in Freest, doch der Charme ist dem alten Fischerdorf erhalten geblieben. Ein nettes Heimatmuseum, das zugleich auch die Touristeninformation ist, informiert über das Dorf. Besichtigt werden können hier mehrere altertümlich eingerichtete Zimmer. Ein Raum widmet sich den Freester Fischteppichen, jeder davon ein Unikat, gefertigt nach der alten Tradition des Teppichknüpfens von Bewohnern des Dorfes.

Dorfstr. 67, Freest, März, Apr., Nov., Dez. Mo–Fr 9–14, Mai–Okt. Di–Sa 10–15 Uhr, www.kroeslin.de/tourismus/heimatstube-freest/

Beste Reisezeit

Seit nunmehr 26 Jahren findet immer Anfang bis Mitte Mai in Greifswald das große Kulturfestival »Nordischer Klang« statt, mit Literatur, Kunst und Musik aus den skandinavischen Ländern, Island, Dänemark und Estland (nordischerklang.de).

Hotels

Hôtel Galerie
Die Nähe zur Gemäldegalerie des Pommerschen Landesmuseum diente als Inspiration für das Künstlerhotel, das in seinen Zimmern Originalwerke zeitgenössischer Künstler, u. a. von Max Neumann, Oskar Manigk oder Thomas Hartmann ausstellt.
Mühlenstr. 10, Greifswald, Tel. +49 38 34/773 78 30, DZ ab 105 €, www.hotelgalerie.de

Hotel Leuchtfeuer
Hübsches Hotel am Rande des Fischerdorfs Freest in idyllischer und ruhiger Lage. Die großen, mit Holzmöbeln eingerichteten Zimmer wirken sehr gemütlich. Zu den Zimmern gehört entweder ein Balkon oder eine Terrasse. In höchstens zehn Gehminuten erreicht man von hier den Strand.
Dorfstr. 1, Freest, Tel. +49 387 30/ 207 11, DZ ab 52 €, www.hotel-leuchtfeuer.de

Hotel Utkiek
Eine klasse Aussicht auf den Greifswalder Bodden und den Hafen bietet das Hotel Utkiek im historischen Teil Wiecks. Ein freundliches, zuvorkommendes Personal, moderne und ruhige Zimmer machen den Aufenthalt angenehm. Zum Hotel gehört auch ein Fischrestaurant.
Am Hafen 19, Greifswald-Wieck, Tel. +49 38 34/833 10, DZ ab 88 €, www.utkiek-greifswald.de

An Usedoms Küste bieten Himmel und Meer ein grandioses Naturschauspiel.

38 Usedom

Mecklenburg-Vorpommern

Wenn der Kaiser kam oder der Berliner Bankier Adelbert Delbrück, wurde sogar die Sonne noch einmal geputzt. Dann legten die Leute von Ahlbeck, Heringsdorf und Bansin lange Leitern an und polierten, bis alles in schönstem Hochglanz erstrahlte. Knallblauer Himmel, stahlblaue See, strahlend weißer Strand. Und entlang der Promenade, wie Perlen an einer endlosen Kette, reihten sich mondäne Villen mit Säulen, Loggien und geschnitzten Giebeln, Barock oder Klassik, Jugendstil, Schweizer Chalet oder von allem ein bisschen. Wenn Baukunst Geschichten erzählen kann, dann tut sie es hier beinahe geschwätzig – von Ruhm und Reichtum, von Geldadel, Dichterfürsten und wilhelminischen Anstandsdamen. Die Kaiserbäder sind wiedererstanden, so fein und elegant wie eh und je. Und wenn Heinrich Mann die nobilitierten Fischerdörfer damals die »Badewanne der Berliner« nannte, dann mag milder Spott durchklingen – gern wiedergekommen ist er allemal. Denn gleich neben den pompösen Domizilen der Feinen und Reichen öffnet sich bis heute eine bezaubernde Natur, reetgedeckte Katen ducken sich in die Dünen. Im Hinterland haben hübsche Dörfer den ganzen Rummel an sich vorbeiziehen lassen, und aus manch einsamer Bucht geht der Blick aufs Wasser, als wäre man allein auf der Welt. Thomas Manns »Zauberberg« übrigens, so bestätigt es die Literaturgeschichte, verdanke seine Vollendung nicht zuletzt der morgendlichen Andacht am Meer. Genau hier!

www.usedom.de

1. NSG Peenemünder Haken
2. Kaiserbäder
3. Historisch-Technisches Museum
4. Lieper Winkel
5. Streckelsberg
- 1 Lotsenturm Usedom
- 2 Strandhotel Ostseeblick
- 3 Villa Auguste Viktoria

1 NSG Peenemünder Haken

Gleich neben dem Flugplatz von Peenemünde hat das Militär unbewusst Naturschutz betrieben: Das mehr als 1870 ha große, sumpfige Gebiet des »Hakens« war 50 Jahre lang militärisches Sperrgebiet – und hat sich damit als idealer Rastplatz für Zigtausende Zugvögel etabliert. Heute ist der Zugang immer noch stark eingeschränkt, weil nicht alle Munition beseitigt werden konnte. Für die Rundfahrten des Museumsvereins Peenemünde e. V. jedoch wird das (Vogel-)Flughafen-Gelände immer wieder geöffnet.

Am Flughafenring, Peenemünde, im Sommer tgl. 11, 13 und 15 Uhr, www.peenemuende-west.de

2 Die Kaiserbäder

Die einstigen Fischerorte Ahlbeck, Heringsdorf, Bansin sowie das polnische Swinemünde (Swinoujscie) knüpfen an ihre glanzvolle Seebäder-Vergangenheit im 19. Jh. an, als die deutsche Kaiserfamilie regelmäßig zu Gast war. Geblieben ist die hervorragend restaurierte Bäderarchitektur, die die Orte als Urlaubsziel berühmt machte. Viele Reminiszenzen an die glorreiche Vergangenheit wurden bewahrt, etwa die 1898 erbaute hölzerne Ahlbecker Seebrücke mit vier Türmchen, bekannt aus Loriots Film »Pappa ante Portas«. Für die Zukunft steht ein hochmoderner Badetourismus mit allen Finessen. Die 12 km lange Strandpromenade (die längste Europas) von Bansin bis Swinemünde mit ihrem 70 m breiten Sandstrand verspricht pure Badefreude – sogar beim winterlichen Eisbaden. Auch dann wärmen die deutschlandweit meisten Sonnenstunden (über 1900 im Jahr)!

Tourist Info: jeweils in der Nähe der Seebrücken, Ahlbeck, Bansin und Heringsdorf, Tel. +49 383 78/244 44, www.drei-kaiserbaeder.de

3 Historisch-Technisches Museum

Der Raketeningenieur Wernher von Braun errichtete am Nordwestende Usedoms die Wiege der Raumfahrt, entwickelte aber auch Vernichtungswaffen wie die Flüssigkeitsrakete A4 (»Vergeltungswaffe 2«), hergestellt von Zwangsarbeitern und KZ-Häftlingen. Der Besuch des Historisch-Technischen Museums ist allein wegen der V2-Attrappe empfehlenswert, aber auch wegen des 86 m langen sowjetischen U 461 im Maritim Museum nebenan, durch dessen enge Gänge man sich zwängen kann.

Historisch-Technisches Museum: Im Kraftwerk, Peenemünde, Apr.–Sept. tgl. 10–18, Okt. tgl. 10–16, Nov.–März Di–So tgl. 10 bis 16 Uhr, www.peenemuende.de; Maritim Museum: www.u-461.de

4 Lieper Winkel

Die Buchten, Felder und Wiesen auf der Halbinsel Lieper Winkel sind ein Paradies für Störche, Graureiher und für Naturliebhaber, die stille Stunden am Haff mit ein-

Schietwetter-Tipp

Einfach abtauchen: Wie im Fahrstuhl geht es am Ende der »Vineta«-Seebrücke in Zinnowitz für bis zu 25 Personen in der Tauchgondel (www.tauchgondel.de) auf den Grund der Ostsee. Hinter den großen Fenstern lassen sich Quallen und Fische beobachten.

Der älteste Mühlentyp in Europa: die Bockwindmühle von Pudagla im Lieper Winkel.

sam am Horizont ziehenden Segeln und einer grandiosen Natur erleben wollen. Von Menschen geschaffene Ruheorte sind die hübschen, reetgedeckten Häuser und blühenden Gärten sowie die sehenswerten Dorfkirchen und Friedhöfe in Liepe, Mellenthin und Morgenitz. Herausragend schön (anzuhören) ist die Orgel des berühmten Orgelbauers Barnim Grüneberg in der Lieper Kirche.

Zwischen Achterwasser und Peenestrom, www.usedom.de

5 Streckelsberg

Der 58 m hohe Gipfel ist seit 1961 Naturschutzgebiet. Durch das Fernrohr auf der Aussichtsplattform bietet sich eine schöne Aussicht auf das Hügelland von Mönchgut auf Rügen und die Kreidefelsen, nördlich auf den Leuchtturm der Insel Greifswalder Oie, in südöstlicher Richtung ist das Steilufer der Insel Wollin zu erblicken.

Tourist Info: Hauptstr. 31, Koserow, Tel. +49 383 75/204 15, www.seebad-koserow.de

Gewusst, wo

Der Fahrradverleih (www.usedomrad.de) ist dank der Initiative UsedomRad bestens organisiert, es gibt sogar Kinderräder, -anhänger, Tandems und viele Leihstationen mit E-Bikes. Tourentipp: der 56 km lange Feininger-Rundweg auf den Spuren des Malers, Bauhaus-Künstlers und Usedom-Fans.

Hotels

Lotsenturm Usedom
Rundum glücklich – im 70 Jahre alten Lotsenturm werden Träume wahr, inklusive Whirlpool, Minibar und Frühstück an die Turmtreppe. Alles ist rund, die Decke bis 8 m hoch! Vom 360°-Balkon blickt man über den Peenestrom.
Dorfstr. 28 b, Karnin, Tel. +49 30/89 09 33 51, ab 290 € (für zwei), www.lotsenturm-usedom.de

Strandhotel Ostseeblick
Die Ergänzung zum MEERness Spa mit Panoramapool und abendlichem Lichtzauber, Saunalandschaft, Beauty- und Wellnesstreatments, Qigong, Nordic Beach Walking und Aqua-Gymnastik bietet das Gourmet-Restaurant Bernstein. Kochkurse, Wein- und Whiskey-Tastings sind im Angebot.
Kulmstr. 28, Heringsdorf, Tel. +49 383 78/540, DZ ab 140 €, www.strandhotel-ostseeblick.de

Villa Auguste Viktoria
Das um 1900 erbaute Sommerdomizil der deutschen Kaiserin nahe des Strands ist ein absoluter Blickfang. Hinter der Zuckerbäckerfassade genießt man modernen Komfort und dank nur 22 Zimmer und Suiten eine familiäre Atmosphäre. Unbedingt probieren: Torten aus der eigenen Konditorei.
Bismarckstr. 1, Seebad Ahlbeck, Tel. +49 383 78/24 10, DZ ab 55 €, www.auguste-viktoria.de

39 Mecklenburgische Seenplatte Süd

Mecklenburg-Vorpommern

Manche Geschichten lassen sich am besten im Konjunktiv erzählen: Was wäre, wenn …? Wie sähe es bei uns aus, wenn nicht – wenn nicht etwa schon unsere Vorfahren vor Jahrhunderten damit begonnen hätten, die Natur rücksichtslos und systematisch auszubeuten? Moore gäbe es und ausgedehnte Wälder, Seen voller Seerosen und wilde Tiere: Seeadler, Kranich, Rothirsch. Im Nationalpark Müritz ist die Natur wieder auf dem Weg dorthin. Und weil sie dabei schon so weit fortgeschritten ist, hat die Unesco die alten Buchenwälder der Region zum Weltnaturerbe erklärt. Denn Buchen sind es, die hier heimisch waren. Alles andere ist schnell wachsender Ersatz. Wer die Natur bei ihrer Rückkehr in den Zustand der Ursprünglichkeit begleiten und beobachten will, ist eingeladen, kann Rad fahren, wandern, Tiere beobachten, sogar Boot fahren und campen. Aber die Regeln sind streng. Die Botschaft lautet, dass die Natur nicht für den Menschen da ist. Und dass es ein guter Gedanke ist, sich auf die Anfänge zu besinnen: So sah es hier einmal aus. Irgendwann übrigens hat sich jemand die Mühe gemacht, die Seen dieses wilden, urwüchsigen Feuchtgebiets zu zählen. Bei 107 gab er auf. Und war noch lange nicht fertig.

www.mecklenburgische-seenplatte.de

Das »Land der tausend Seen« ist ein faszinierendes Mosaik aus Wasser, Wald und Wiesen.

1 Müritzeum und Müritz-Nationalpark

Über dem kleinen Herrensee in Waren an der Müritz ragt ein beeindruckendes Bauwerk empor – rund, futuristisch-expressiv, mit verkohlten Lärchenschindeln verkleidet: das »Müritzeum«. Dieses »Haus der 1000 Seen« ist ein Naturerlebniszentrum, das u. a. mit 24 Aquarien begeistert, darunter das über zwei Etagen reichende, größte deutsche Aquarium für einheimische Süßwasserfische. Man staunt über 500-köpfige Maränen-Schwärme, weiße Störe und 'nen tollen (goldenen) Hecht. Und man genießt den tollen Mix aus Ästhetik, Naturwissenschaft und Umweltbildung. Hier wird die Entstehungsgeschichte der faszinierenden Landschaft des Nationalparks erläutert. Erklärt, wie beim Ende der letzten Eiszeit, vor 12 000 Jahren, zurückweichendes Eis Rinnen und Becken schuf und zahllose Findlinge und Toteislöcher hinterließ. So entstand eine Landschaftskomposition – Seen, Moore, ausgedehnte (Buchen-)Wälder – wie es sie sonst nirgends in Deutschland gibt. Hier im Nationalpark kann man sie mit allen Sinnen erleben, gut erschlossen durch zahlreiche Wander- und Fahrradwege, Rastplätze oder Aussichtstürme. In den Nationalpark-Informationshäusern in Boek, Schwarzenhof und Federow werden auch multimediale GPS-Guides mit verschieden Erlebnistouren verliehen, die über Wege und Wisseswertes informieren.

Müritzeum: Zur Steinmole 1, Waren a. d. Müritz, Nov.–März tgl. 10–18, Apr.–Okt. bis 19 Uhr, www.mueritzeum.de, ww.mueritz-nationalpark.de

1	Müritzeum	5	Schloss Mirow	1	Landhaus Müritzgarten
2	Bärenwald Müritz	6	Plau am See	2	Hotel Harmonie
3	DDR-Museum	7	Hausboot	3	»fabrik.« Öko-Hotel
4	Neustrelitz				

2 Bärenwald Müritz

Sie hatten es nicht leicht in ihrem früheren Leben: In Westeuropas größtem Bärenschutzzentrum haben derzeit 16 Braunbären ihr Glück gefunden im einem paradiesischen Mischwald mit Lichtungen, Wiesen, Hängen und einem natürlichen Wasserlauf zum Planschen. Balou, Ida, Mascha und ihre neuen Freunde stammen allesamt aus schlechter privater Haltung oder aus Zirkusbetrieben und haben nun ein behütetes Zuhause im Bärenwald Müritz gefunden. Als Projekt der Tierschutzorganisation Vier Pfoten wurde er 2006 eröffnet. Man sieht hier einmalige Szenen ganz normalen Bärenlebens, die Tiere haben in dem großen Park aber auch genügend Rückzugsmöglichkeiten.

Am Bärenwald 1, Stuer, Nov.–Mitte März tgl. 10–16, Mitte März–Okt. tgl. 9–18 Uhr, www.baerenwald-mueritz.de;
Rundtour ab Waren mit 5-Seen-Schifffahrt und Bus zum Bärenpark: Di/Mi/Fr jeweils 10 Uhr, www.baerenwald-mueritz-ticket.de

3 DDR-Museum

Ostalgisches Kopfkino wird seit 1999 im ehemaligen realsozialistischen »Film-Palast« aus den 1950er-Jahren erzeugt: Die liebevoll inszenierten Alltagsgegenstände und -szenen der DDR berühren nicht nur Ossis wie Wessis. Man erlebt Schulanfang, Jugendweihe und Hochzeit, Arbeitsleben, Alltagsprobleme und Urlaubsspaß aus 40 Jahren DDR.

Kirchenstr. 25, Malchow, Tel. +49 399 32/180 00, wechselnde Öffnungszeiten, siehe Website, www.ddrmuseum-malchow.de

4 Neustrelitz

Die mecklenburgische Geschichte ist reich an dynastischen Erbteilungen. Als Anfang des 18. Jh. das gerade neu gegründete Herzogtum Mecklenburg-Strelitz eine Haupt- und Residenzstadt brauchte, entschloss sich der frischgebackene Herzog zur Gründung von »Neu-Strelitz«. Ab 1733 entstand so eine barocke Planstadt von bestechender Eleganz. Mittelpunkt ist der quadratische Marktplatz, kreisförmig bepflanzt, von dem sternförmig acht Straßen in alle Richtungen ausgehen. In Schloss und Schlossgarten bis hin zum Zierker See setzte sich die spätbarocke Symmetrie fort. Auch wenn das Residenzschloss in den letzten Kriegstagen niederbrannte (und dann abgetragen wurde) und der Schlosspark im 19. Jh. teilweise im Stil eines englischen Landschaftsparks umgestaltet wurde, ist das Areal zwischen Schlosskirche, Orangerie und Marstall mit all seinen barocken Tempeln, Skulpturen antiker Gottheiten, Brunnen, Säulen und wertvollen alten Bäumen weiterhin sehr eindrucksvoll.

Tourist Info: Strelitzer Str. 1, Neustrelitz, Tel. +49 39 81/25 31 19, www.neustrelitz.de, Schlossgarten: www.mv-schloesser.de

Beste Reisezeit

100 Konzerte locken von Mitte Juni bis Mitte Sept. Besucher u. a. in den Schinkelsaal Burg Schlitz, in den Schlosspark Land Fleesensee und die Konzertkirche Neubrandenburg. Das Herz der Festspiele Mecklenburg-Vorpommern schlägt in Schloss Ulrichshusen. www.festspiele-mv.de

Glück kommt manchmal unverhofft: Im Bärenwald Müritz dürfen Bären, die es früher schwer gehabt haben, das Leben endlich wieder genießen.

5 Schloss Mirow

Der »Ort des Friedens« (so die slawische Bedeutung des Namens) ging vor 790 Jahren aus einer Niederlassung des Johanniterordens hervor. Später ließen sich die Herzöge von Mecklenburg-Strelitz hier nieder und schufen ein herrliches Schloss-Idyll. Man betritt die malerische Schlossinsel im Mirower See durch ein Renaissance-Torhaus (16. Jh.). Um einen barocken Hof stehen sich das eigentliche Schloss und das sog. Kavaliershaus gegenüber (beide frisch renoviert). Das Innere des Schlosses bezaubert mit prachtvollen Raumausstattungen aus italienischem Barock und friderizianischem Rokoko. Eine moderne Ausstellung erzählt vom Schicksal des Schlosses, seiner Bewohner und des Herzogtums Mecklenburg-Strelitz. Im nun als »3-Königinnen-Palais« bezeichneten Kavaliershaus widmet sich eine Multimedia-Ausstellung drei berühmten Herzogstöchtern, die zu Königinnen wurden, wie Prinzessin Charlotte, die 1761 von Mirow aufbrach, um Königin von England zu werden. Sehenswert ist auch die auf die Johanniter zurückgehende Schlosskirche (14. Jh.), zu der auch die Familiengruft des Strelitzer Herzogshauses gehört. Beschaulich ist auch der hübsche Park mit See, in dem es sich herrlich lustwandeln lässt. Über eine Brücke erreicht man die lauschige Liebesinsel. Hier hat auch der letzte Strelitzer seine allerletzte Ruhe gefunden.

Schlossinsel, Mirow; Schloss: Apr.–Juni, Sept.–Okt. Di–So 10–17, Juli–Aug. tgl. 10 bis 18 Uhr, Nov.–März nach Anm., www.schlossmirow.de; 3-Königinnen-Palais: Apr.–Okt. tgl. 10–18, Nov.–März Fr–Mo 10–16 Uhr, Di–Do auf Anfrage, www.3koeniginnen.de

6 Plau am See

Seit 100 Jahren kann man hier (s)ein blaues Wunder erleben! Denn bei Plau beginnt die Müritz-Elde-Wasserstraße, die als kleiner, schiffbarer Kanal die großen Seen der mecklenburgischen Seenplatte mit der Elbe verbindet (Wer will, kann durchaus von hier bis zur Nordsee paddeln oder per Motorboot fahren). Wo die Wasserstraße in den Plauer See mündet, wird sie von einer 1916 errichteten und seit jeher leuchtend blau gestrichenen stählernen Hubbrücke überspannt. Kommen Schiffe, wird der Brückenboden des Plauer »Blauen Wunders« auf wundersame Weise um 1,60 m in die Höhe gehievt. Der Name des Orts hat mit der Farbbezeichnung übrigens nichts zu tun, sondern beruht auf einer elbslawischen Bezeichnung für einen Flößerort. Das alte Ackerbürgerstädtchen hat eine reizvolle, von Fachwerk und Ziegel geprägte Altstadt. Drei Türme – Burgturm, Kirchturm und Leuchtturm – können bestiegen werden und bieten einen fantastischen Ausblick auf Plau, das Umland und den See (der mit 16 schönen Badestellen auch ein beliebtes Freizeitgewässer ist).

Tourist Info: Marktstr. 20, Plau am See, Tel. +49 387 35/456 78, www. plau-am-see.de

Schietwetter-Tipp

Vor allem an Regentagen lockt die MüritzTherme (www.mueritztherme.de) mit ihrer 3000 qm großen Spaß-, Sport- und Erholungswelt. Das 25-m-Wettkampfbecken erscheint neben der Müritz (17,8 x 9,9 km) zwar bescheiden, dafür gibt es eine 57 m lange Wasserrutsche und einen Strömungskanal nebst Sprudelliegen und Massagedüsen sowie einen Saunabereich.

7 Hausboote

Auch ohne Sportbootführerschein und Vorkenntnisse ist es – nach dreistündiger Vor-Ort-Einweisung – möglich, die Mecklenburgische Seenplatte gemütlich auf einem Hausboot zu erkunden.

Verschiedene Anbieter, z. B. Yachtcharter Schulz, An der Reeck 1a, Waren a. d. Müritz, Tel. +49 39 91/12 14 15, www.yachtcharter-schulz.de; weitere Anbieter siehe www.mecklenburgische-seenplatte.de

Hotels

Landhaus Müritzgarten
Grüner wird's nicht. In einem großen Landschaftsgarten logiert man im Landhausstil wahlweise im Haupthaus, einer Gästevilla oder einem Blockhaus. Ein guter Ausgangspunkt für Touren rund um den Nationalpark und Rundfahrten auf der Müritz.
Seebadstr. 45, Röbel,
Tel. +49 399 31/88 10, DZ ab 80 €,
www.hotel-mueritzgarten.de

Hotel Harmonie
Sehr schöne Lage am Westrand der Altstadt von Waren, dicht am Wasser der Mütz und unmittelbar gegenüber dem Müritzeum. Im gepflegten Altbau kann man stilvolle Interieurs sowie gute Wellness-Angebote im hauseigenen Spa genießen.
Kietzstr. 16, Waren a. d. Müritz,
Tel. +49 39 91/669 50, DZ ab 99 €,
www.hotelharmonie-waren.de

»fabrik.« Öko-Hotel
Ferienwohnungen und Zimmer in modernen Holz-Lehm-Häusern auf dem Gelände einer alten Kachelofenfabrik in Hafennähe. Zum alternativen »Kultur- und Tourismuszentrum« gehört außerdem eine Gaststätte, in der Regionales serviert wird, eine Fabrikgalerie, in der Gegenwartskunst zu sehen ist, außerdem gibt es zwei Programmkinos.
Sandberg 3, Neustrelitz,
Tel. +49 39 81/20 31 45, DZ ab 59 €,
www.basiskulturfabrik.de

40 Mecklenburgische Seenplatte Nord

Mecklenburg-Vorpommern

Die Krone der Kaiser, der VW Käfer, der »Schwebende« von Ernst Barlach: Was das British Museum in London zum 25. Jahrestag des Mauerfalls zeigte, war der Versuch, die Geschichte der Deutschen mit einer kleinen Zahl von Insignien und Inkunabeln nachzuerzählen. Die berühmte Figur des Friedensengels aus dem Dom von Güstrow gehörte natürlich dazu. Barlach hatte ihr 1927 die Züge der Künstlerin Käthe Kollwitz gegeben, und das Londoner Publikum zeigte sich tief beeindruckt von der tiefen Stille, die das Mahnmal umgab. Der »Schwebende« ist zurückgekehrt, hat seinen Platz in der gotischen Backsteinkirche wieder eingenommen. Und wenn er sich auch längst über Ort und Zeit erhoben hat: Mecklenburg bleibt das Land, aus dem er hervorgegangen ist. Hierher hatte der Künstler sich zurückgezogen, zu den Seen, den ausgedehnten Wäldern, in eine Natur, die jeden Betrachter umarmt und zur Ruhe kommen lässt. An einem dieser friedvollen Orte muss der Bildhauer gesessen haben, als er in seinem Güstrower Tagebuch notierte: »Es war kühl, und der nördliche Wind brachte eine vom ganzen Tag durchsonnte, reine Luft heran. Und man konnte vor der Schönheit des frischen Augenblicks die Welt vergessen.«

www.mecklenburgische-seenplatte.de

So viele Seen, noch mehr Boote – und eine Menge hübscher Bootshäuser wie hier auf dem Inselsee bei Güstrow.

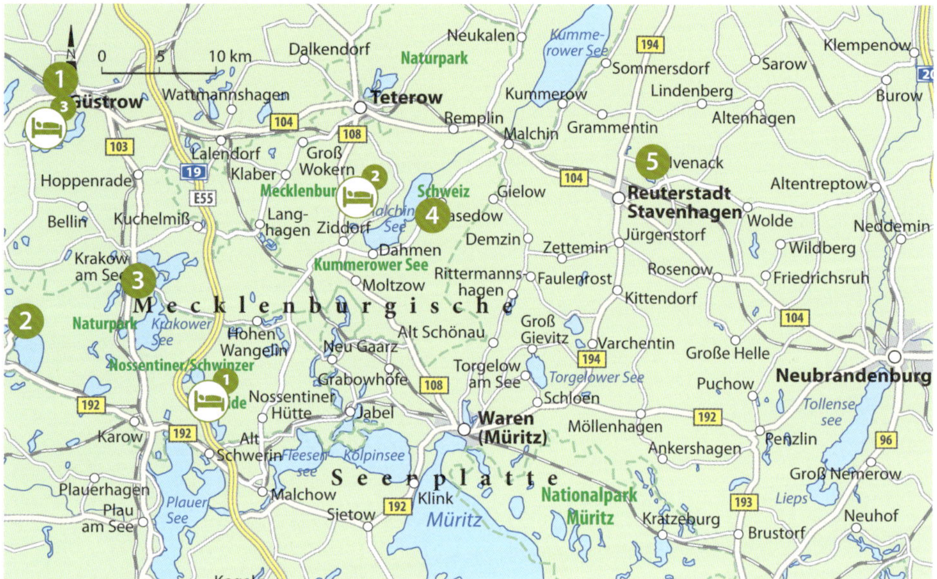

1 Güstrow
2 Kloster Dobbertin
3 Krakow am See
4 Mecklenburgische Schweiz (Info)
5 Ivenacker Eichen
1 Naturresort Drewitz
2 Schlosshotel Burg Schlitz
3 Hotel Villa Camenz

1 Güstrow

Stufengiebel und Zunftzeichen der schmucken alten Häuser prägen Güstrows historischen Stadtkern. Und natürlich Schloss und Dom! Das gewaltige Renaissance-Schloss wurde ab 1558 errichtet, im Dreißigjährigen Krieg residierte dann Wallenstein hier. Heute sieht man prachtvolle Wohn- und Empfangsräume im Stil der Renaissance und des Barock mit wertvollen Möbeln, Skulpturen und hochklassigen Gemälden, darunter Meisterwerke von Cranach und Tintoretto. Der Dom ist ein Meisterwerk der Backsteingotik, aber nicht zuletzt berühmt wegen eines expressionistischen Bildhauers: Ernst Barlach schuf 1927 den monumentalen, im Kirchenschiff schwebenden Bronze-Engel – als Erinnerung an die Opfer des Ersten Weltkriegs und Mahnung zum Frieden. Gleich drei Museen in der Stadt widmen sich heute Leben und Arbeit des Wahl-Güstrowers.

Schloss: Franz-Parr-Pl. 1, Güstrow, Di–So 11–17 Uhr, www.schlossguestrow. de; Dom: Dompl., Führungen nach Anm., Tel. +49 38 43/68 24 33, www.dom-guestrow.de; Barlach-Museen: www.ernst-barlach-stiftung.de

2 Klosterkirche Dobbertin

In reizvoller Lage, auf einer kleinen Halbinsel im See, erheben sich die markanten Kirchtürme des ehemaligen Benediktinerinnenklosters Dobbertin. Die Anfang des 13. Jh. entstandene Anlage ist ein Kleinod der Klosterarchitektur. Mitte des 19. Jh. ist die einschiffige Klosterkirche nach Plänen Karl Friedrich Schinkels umgestaltet worden. Öffentlich zugänglich sind außer der Kirche auch das Refektorium, der Konventsaal und der vierflügelige Kreuzgang.

Am Kloster, Dobbertin, Mai–Sept. tgl. 11–17, sonst 10–14 Uhr, Führungen: Mai–Sept. Sa 14 Uhr und nach Anm., Tel. +49 387 36/861 21, www.kloster-dobbertin.de

3 Krakow am See

Am reizvollen Nordwestufer des Krakower Sees liegt der kleine, namensgebende Luftkurort. In der Alten Schule gibt es ein Buchdruckmuseum mit Schauwerkstatt sowie ein Heimatmuseum. Schräg gegenüber steht die jüdische Synagoge (1866), die heute als Kulturforum für Lesungen und Ausstellungen dient. An der Seepro-

Schietwetter-Tipp

Eines der wach geküssten Schlösser und Herrenhäuser Mecklenburg-Vorpommerns ist das barocke Schloss Kummerow (www.schloss-kummerow.de) am gleichnamigen See, das mehr als 2000 Fotografien, u. a. von Bernd und Hilla Becher, Andreas Gursky und Hiroshi Sugimoto, in Dauer- und Wechselausstellungen zeigt.

Stilvoll speisen in altem Gemäuer: das Restaurant im Wappensaal des Schlosshotels Burg Schlitz bei Hohen-Demzin.

menade lässt es sich genüsslich spazieren und einkehren.

Tourist Info: Markt 21, Krakow am See, Tel. +49 384 57/222 58, www.krakow-am-see.de

4 Mecklenburgische Schweiz

Von wegen plattes Land! Im Norden der Mecklenburgischen Seenplatte beginnt eine immer hügeliger werdende Landschaft: die Mecklenburgische Schweiz – mit Hügelketten von bis zu 100 m Höhe. Seit 1997 steht sie unter dem Dach des »Naturpark Mecklenburgische Schweiz und Kummerower See« (Motto: »Land der Hügel und alten Bäume«). Zahlreiche markierte Rad- und Wanderwege führen durch die abwechslungsreiche Kulturlandschaft zu reizvollen Flecken in der Natur oder schönen alten Schlössern. Der Naturerlebnispfad am Kummerower See entlang etwa eignet sich bestens zur Beobachtung von Wasservögeln, Aussichtstürme gestatten einen guten Überblick.

Naturpark Info: Wargentiner Str. 4, Basedow, Tel. +49 399 57/299 70, www.naturpark-mecklenburgische-schweiz.de

5 Ivenacker Eichen

Nordwestlich von Stavenhagen, bei Ivenack, gibt es noch eine Überlebende aus dem frühen Mittelalter, mindestens 1000 Jahre alt... Eine Eiche! Deutschlands älteste lebende Eiche, mit einen Stammumfang von mehr als 14 m. Und in dem Tiergarten (Wildgehege mit Damwild), dem ehemaligen Schlosspark, in dem sie steht, ist sie beileibe nicht der einzige Eichen-Methusalem, ein weiteres halbes Dutzend ist hier zu bestaunen. In einem Barockpavillon gibt es eine interaktive Ausstellung zur Geschichte der Ivenacker Eichen und den Legenden, die sich um sie ranken: Verwunschene Zisterzienser-Nonnen sollen es sein, die hier im Wald stehen. 2017 soll ein Baumkronenpfad mit 35 m hohem Aussichtsturm fertiggestellt werden, der dann ganz neue Perspektiven auf die uralten Bäume eröffnet.

Ivenack, Tiergarten ganzjährig rund um die Uhr geöffnet, Pavillon Apr.–Okt., tgl. 10 bis 18 Uhr, Führungen: Tel. 01 73/247 21 66, www.ivenacker-eichen.de

Hotels

Van der Valk Naturresort Drewitz
Wo es sich einst Erich Honecker & Co. bei Jagdausflügen gutgehen ließen, kann heute jedermann (n)ostalgisch unterkommen. Das frühere Feriendomizil der DDR-Regierung einschließlich der herausgeputzten Originalsuiten der SED-Bonzen ist heute Hotel. Auch Naturexkursionen in Honeckers Jagdrevier werden angeboten.
Am Drewitzer See 1, Nossentiner Hütte-Drewitz, +49 399 27/76 70, DZ ab 99 €, www.drewitzersee.vandervalk.de

Schlosshotel Burg Schlitz
Auch wer wie im Schloss leben möchte, findet dazu in der Mecklenburger Schweiz eine exquisite Möglichkeit: Das großzügige weiße Schloss aus dem Jahr 1806 bietet historisch-elegantes Ambiente mit allen zeitgenössischen Annehmlichkeiten.
Burg Schlitz 2, Hohen-Demzin, Tel. +49 39 96/127 00, DZ ab 198 €, www.burg-schlitz.de

Hotel Villa Camenz
Das familiengeführte Hotel liegt ruhig und zentral am Rande der Güstrower Altstadt. In der gemütlichen Backsteinvilla genießt man komfortable Ausstattung, umfassenden Service und bemerkenswerte Gastfreundlichkeit.
Lange Stege 13, Güstrow, Tel. +49 38 43/245 50, DZ ab 68 €, www.hotel-camenz-guestrow.de

Cover: Der Westerhever Leuchtturm an der Nordsee, das Wahrzeichen der Halbinsel Eiderstedt. Getty Images: Sabine Lubenow/LOOK-foto

2-3 longquattro – Fotolia.de; 4-5 seasons.agency: Arthur F. Selbach; 7 Fotolia: vrej; 8 Niclas Jessen: VisitDenmark; 10-11 Fotolia: Photo Voyage; 13 Shutterstock.com: Fotos593; 14-15 mauritus images: Alamy; 17 Shutterstock.com: tomtsya; 18-19 JAHRESZEITEN VERLAG: Walter Schmitz; 21 AWL Images: Sabine Lubenow; 22 JAHRESZEITEN VERLAG: Walter Schmitz; 24 laif: Bernd Jonkmanns; 27 mauritius images: imageBROKER/Ottfried Schreiter; 28-29 Bildagentur Huber: Lubenow; 31 Fotolia: pure-life-pictures; 32 LOOK-foto; 35 Bildagentur Huber: Gräfenhain; 36-37 Getty Images: Sabine Lubenow/Collection: AWL Images; 39 LOOK-foto: Karl Johaentges; 40 Bildagentur Huber: Gräfenhain; 43 seasons.agency: Jalag/Natalie Kriwy; 44-45 GlowImages; 47 imago; 48-49 LOOK-foto: S. Lubenow; 51 LOOK-foto: S. Lubenow; 52-53 JAHRESZEITEN VERLAG: Lukas Spörl; 55 JAHRESZEITEN VERLAG: Lukas Spörl; 56-57 Alamy: frans lemmens; 59 laif: Ludovic Maisant/hemis.fr; 60-61 Schapowalow: Francesco Carovillano/SIME; 63 Schapowalow: Andrea Armellin/SIME; 64-65 laif: Martin Kirchner; 67 mauritius images: dpa picture alliance archive/Alamy; 68-69 laif: Martin Kirchner; 71 Fotolia: sergeklein; 72-73 mauritius images: blickwinkel/Wilhelm Boyungs; 75 Fotolia: costadelsol; 76-77 LOOK-foto; 79 Bildagentur Huber: Gräfenhain; 80-81 laif: Martin Kirchner; 83 Bildagentur Huber: Gräfenhain; 84-85 Bildagentur Huber: Gräfenhain; 87 laif: Martin Kirchner; 88-89 Alamy: Premium Stock Photography GmbH; 91 INTERFOTO: imageBROKER/Thomas Robbin; 92-93 Jalag/Hänel, Gerald; 95 JAHRESZEITEN VERLAG: Gerald Hänel/GARP; 96-97 seasons.Agency: Jalag/Hänel, Gerald; 99 JAHRESZEITEN VERLAG: Gerald Hänel/GARP; 100-101 mauritius images: Ingo Boelter; 103 Shutterstock.com: sonnee101; 105 Bildagentur Huber: Bäck; 107 mauritius images: imageBROKER/Justus de Cuveland; 108-109 laif: Dirk Eisermann; 111 JAHRESZEITEN VERLAG: Anna Mutter; 112 JAHRESZEITEN VERLAG: h & d zielske; 114-115 Fotolia: Gabriele Rohde; 117 Bildagentur Huber: G. Croppi; 118 seasons.agency: Jalag/Lukas Spörl; 120 JAHRESZEITEN VERLAG: Lukas Spörl; 122-123 JAHRESZEITEN VERLAG: Lukas Spörl; 125 JAHRESZEITEN VERLAG: Lukas Spörl; 126 JAHRESZEITEN VERLAG: Lukas Spörl; 127 mauritius images: imageBROKER/Hans Blossey; 129 Alamy: Kuttig – Travel; 130-131 Bildagentur Huber: Gräfenhain; 134-135 Fotolia: ArTo; 137 mauritius images: Christian Bäck; 138-139 Bildagentur Huber: C. Dörr; 141 Getty Images: Gallo Images; 142-143 Bildagentur Huber: R. Schmid; 145 Bildagentur Huber: C. Dörr; 146-147 JAHRESZEITEN VERLAG: Lukas Spörl; 149 Shutterstock.com: Takashi Images; 150-151 JAHRESZEITEN VERLAG: Walter Schmitz; 153 seasons.agency: Jalag/Walter Schmitz; 154-155 Fotolia: Uwe Kantz; 157 INTERFOTO: Christian Bäck; 158-159 laif: Gerhard Westrich; 161 seasons. agency: Jalag/Natalie Kriwy; 162 mauritius images: imageBROKER/Hans Blossey; 164 Fotolia: MarcelRen; 166-167 Bildagentur Huber: R. Schmid; 169 seasons Agency: GourmetPictureGuide; Icons: Michaela Reitinger; Artco/Fotolia.com; Thierry RYO/Fotolia.com

3. unveränderte Auflage 2018
ISBN: 978-3-8342-2201-5

GRÄFE UND UNZER VERLAG
Postfach 86 03 66
81630 München
Tel. +49 89/41 98 19 00
holiday@graefe-und-unzer.de
www.holiday-reisebuecher.de

Reihenidee/-konzept
Verónica Reisenegger

Idee/Konzept dieses Buchs
Martina Krammer

Redaktion
Martina Krammer, Viktoria Paschke

Layout
Michaela Fischer M-DESIGN

Bildredaktion
Dr. Nafsika Mylona, Nora Goth

Schlussredaktion
Dr. Anita Meschendörfer

Autoren
Dr. Martin Tschechne, Peter Dorsch, Viktoria Paschke, Axel Klemmer, Martina Krammer, Rasso Knoller, Elke Frey, Jürgen Sorges, Wolfgang Rössig, Christian Nowak, Axel Pinck, Peter Höh, Knut Diers, Rolf Goetz, Thomas Gebhardt, Lennart Hansson, Birgit Bock-Schröder, Gisela Buddée, Gergely Kispál, Eva Stadler, Christin Drühl, Christa Maria Andersen, Marina Bohlmann-Modersohn, Jan Scherping, Thomas Borchert

Kartographie
Kunth Verlag GmbH & Co. KG

Produkt- und Projektmanagement
Martina Krammer, Viktoria Paschke

Produktion
Anna Bäumner

Repro
Repro Ludwig, Zell am See

Druck und Bindung
Printer Trento, Italien

Wir danken Gerlinde Hulmann, Bernd Oschlies und Ragna Spargel für Ihre Tipps und Ideen.

GRÄFE UND UNZER

Ein Unternehmen der
GANSKE VERLAGSGRUPPE

PEFC
PEFC/18-31-506

Liebe Leserinnen und Leser,

hat Ihnen unser Buch gefallen? Falls ja, freuen wir uns, wenn Sie es weiterempfehlen – Ihren Freunden, Verwandten, Kollegen, Nachbarn, dem Buchhändler Ihres Vertrauens und allen, die auf der Suche nach einem Reisebuch-Tipp sind, z. B. bei Online-Händlern.

Wenn Sie Kritik oder Korrekturen haben, schreiben Sie uns gerne an holiday@graefe-und-unzer.de – und natürlich auch, wenn Sie uns Ihr Lob auf direktem Weg zukommen lassen möchten. Sie erreichen uns auch telefonisch unter Tel. 0 800 / 72 37 33 33 (gebührenfrei in D, A, CH), Mo–Do 9–17 Uhr, Fr 9–16 Uhr.

Ihre HOLIDAY-Redaktion